Régime Keto

Découvrez la céto cuisine avec un plan de repas de 28 jours + 121 recettes cétogènes

Michèle COHEN
© 2020 M. COHEN

Clause de non-responsabilité

Les informations contenues dans cet ouvrage sont distribuées « telles quelles », sans garantie. Bien que toutes les précautions aient été prises lors de la préparation du livre, ni l'auteur ni l'éditeur ne sauraient être tenus pour responsables envers toute personne ou entité des dommages causés ou supposés être causés directement ou indirectement par les instructions contenues dans ce livre ou par les produits qui y sont décrits.

Table des matières

Le plus beau projet sur lequel on peut travailler, c'est soi-même

Introduction

Avez-vous eu envie de travailler sur votre physique, mais vous sentiez que vous deviez d'abord perdre du poids ? Ou est-il possible que le terme « perte de poids » soit resté dans votre esprit, juste que vous ne vous êtes jamais vraiment mis au travail ? Régimes étranges et restrictifs, machines coûteuses et fantastiques, et la pilule de perte de poids magique sans brûlage de la graisse. Ce sont les nombreuses solutions supposées que l'on trouverait chaque fois que vous chercheriez une réponse dans le secteur éblouissant de la perte de poids de plusieurs milliards d'euros.

La vérité est que, en consultant ce livre, vous avez déjà une idée de ce qui est vraiment nécessaire pour effectuer une perte de poids sûre et durable. C'est un fait naturel que ce n'est qu'en surveillant ce que nous mangeons que nous aurons le plus d'impact sur notre poids. C'est là que le régime cétogène brille vraiment et vous permet de brûler les graisses automatiquement sans effort, sans toutes les contraintes caloriques habituelles des autres régimes.

La perte de poids est un résultat certain que vous apprécierez une fois que vous ayez commencé le régime cétogène, mais ce n'est pas le seul avantage que vous apprécierez ! Pensez à toutes ces activités que vous avez toujours voulu exercer, mais que vous avez abandonnées parce que vous n'aviez plus aucune énergie après la journée de travail habituelle. Eh bien, il est temps d'évacuer les passe-temps et les activités que vous aimez faire, car avec un régime cétogène, vous aurez plus d'énergie pour votre travail quotidien et vos loisirs ! La clarté mentale et la netteté mentale de la pensée qui l'accompagnent sont également des effets positifs que vous aurez comme conséquence directe du régime alimentaire. Un meilleur bilan de santé, une lecture optimisée du cholestérol, une glycémie normalisée et un risque de maladie cardio-vasculaire réduit en conséquence ne sont que quelques-uns des effets bénéfiques sur la santé que la plupart des gens subissent dans leur alimentation cétogène.

L'objectif de cet ouvrage est avant tout de vous donner les outils nécessaires pour que le régime cétogène se déroule de manière plus harmonieuse dans votre vie quotidienne. Beaucoup apprennent que le régime alimentaire est presque aussi bon que le nombre de recettes de son répertoire. Les avantages d'un régime alimentaire particulier peuvent être nombreux, mais si vous êtes obligé d'avoir le même aliment tous les petits-déjeuners, déjeuners et dîners, même le plus fervent partisan du lot aurait probablement du mal à maintenir son régime. C'est là que je suis la plus heureuse de dire que le régime cétogène a une certaine marge de manœuvre pour la préparation de recettes variées et que le but de cet ouvrage est de vous proposer des plats plus délicieux et faciles à préparer pour votre plaisir gastronomique !

Pour les débutants ainsi que pour les adeptes du régime cétogène, les recettes qui y sont contenues sont créées spécifiquement pour plaire à votre palais tout en ne vous obligeant pas à passer toute la journée à la cuisine ! Concises et pertinentes, les recettes décomposent les exigences en matière de préparation des repas dans un format simple, étape par étape, facile à comprendre pour tout le monde. Un plan de repas supplémentaire de 28 jours est également structuré pour servir de guide et d'inspiration aux nouveaux et anciens adhérents au régime cétogène.

Le fait même que vous soyez ici est une preuve suffisante que vous êtes au moins curieux de savoir comment le régime cétogène peut vous aider. Mieux encore, peut-être connaissez-vous déjà ses avantages et recherchez-vous des recettes variées, riches et savoureuses pour un voyage cétogène plus agréable ? Indépendamment de ce choix, ce livre de recettes sera bien placé pour vous fournir des idées culinaires pratiques pour pimenter vos repas quotidiens.

J'espère vraiment que la valeur et les idées que vous trouverez dans cet ouvrage vous seront utiles, et que votre voyage cétogène soit fructueux !

Première Partie : Régime Cétogène

Ce qu'il faut savoir sur le régime cétogène

Le régime cétogène, également appelé régime céto ou keto, n'est pas un régime à la mode basé sur une science nutritionnelle précaire. Il existe depuis bien longtemps, les Grecs de l'Antiquité ont utilisé ce régime dans le cadre d'un traitement holistique de l'épilepsie. En fait, aux États-Unis, c'était un moyen reconnu de traitement des crises épileptiques chez les enfants tout au long des années vingt. Malheureusement, ce traitement naturel a dû céder le pas aux progrès de la science pharmaceutiques modernes et à son penchant pour les effets immédiats.

Le régime cétogène a retrouvé sa place dans le courant dominant et probablement pour de très bonnes raisons ! La base du régime est essentiellement de déclencher les mécanismes de combustion des graisses de votre corps afin d'alimenter ce dont le corps a besoin en énergie tout au long de la journée. Cela signifie que la graisse que vous mangez, ainsi que la graisse stockée dans votre corps, dévonienne des réserves de carburant que votre corps peut exploiter ! Il n'est pas étonnant que ce régime vous aide vraiment à perdre du poids, même pour ceux qui sont têtus et difficiles à perdre des zones grasses.

Qu'en est-il des histoires de diabète de type 2 en train de s'inverser simplement en suivant ce régime, de même que des histoires de cancer en voie d'arrêt ou de réduction des tumeurs en raison des effets positifs du régime keto ? Il ne faut pas non plus oublier la réduction du risque de maladies cardio-vasculaires qui en découle, liée au régime alimentaire !

Les avantages mentionnés ci-dessus découlent en grande partie d'un processus important dans le régime cétogène appelé « Cétose ».

Ce qu'il faut savoir sur la cétose

La cétose est un état où le corps produit des molécules appelées cétones créées par le foie. Conçu pour donner de l'énergie aux cellules et aux organes, il peut remplacer le glucose en tant que source de carburant alternative. Dans notre régime traditionnel riche en glucides, notre énergie provient principalement du glucose, qui est converti à partir des glucides que nous mangeons pendant les repas. Le glucose est une source d'énergie rapide, où l'insuline est requise comme une sorte de messager qui ordonne aux cellules de s'ouvrir et de permettre au glucose de s'écouler de sorte qu'il puisse être utilisé comme carburant pour les mitochondries, autrement dit les usines d'énergie dans nos cellules.

Plus nous ingérons de glucides et plus de glucose sera présent dans notre sang, ce qui signifie que le pancréas doit produire plus d'insuline afin de faciliter la production d'énergie à partir du sucre sanguin disponible. Dans un corps où la fonction métabolique est encore normale, l'insuline produite à partir du pancréas est facilement acceptée par les cellules, ce qui conduit ensuite à une utilisation efficace du sucre dans le sang comme énergie. Le problème est que nos cellules peuvent devenir insensibilisées à l'insuline, ce qui conduit le pancréas à pomper de plus en plus d'insuline dans le corps pour purifier et normaliser le taux de sucre dans le sang.

La désensibilisation à l'insuline ou la résistance à l'insuline est principalement due à la présence élevée et continue de glucose dans le sang, généralement due à l'ingestion d'aliments riches en glucides. Pensez aux cellules de votre corps comme à un videur dans un club, où vous devez payer des frais pour y accéder. Vous jouez le rôle du glucose ici, et les frais requis pour entrer dans le club sont de l'insuline. Si votre fréquence au club est conforme à la norme, le videur ne détecte rien d'inhabituel et n'augmente donc pas les frais d'inscription. Cependant, si vous vous présentez presque chaque nuit en demandant à être admis, le videur connaît votre besoin urgent et augmente en conséquence les frais d'insuline afin de laisser entrer le glucose. Progressivement, le droit d'entrée augmente de plus en plus jusqu'au point où la source d'insuline, qui dans ce cas est le pancréas, n'en produit plus. C'est là que la situation sera diagnostiquée comme un diabète de type 2 et que la solution habituelle consisterait à prendre toute la vie avec des médicaments ou des injections d'insuline.

Le nœud de la question réside ici dans la présence de glucose dans le corps. Chaque fois que nous consommons un repas riche en glucides, ce qui n'est pas difficile à l'ère des fast-foods et des friandises, notre taux de sucre dans le sang est élevé et l'insuline est activée pour la conversion en énergie ainsi que pour le stockage de l'excès dans les cellules adipeuses. C'est là que la fureur habituelle se fait jour, avec des condamnations concernant le glucose et l'insuline comme étant à l'origine de nombreuses maladies et d'une prise de poids redoutée. Je voudrais saisir cette occasion pour dire que l'insuline et le glucose ne sont certainement pas la racine de tous les maux, comme le prétendent certains livres. Il serait beaucoup plus juste de dire que notre régime actuel est la principale cause d'obésité et de maladies métaboliques qui sévit dans la majeure partie du monde développé.

Dans le régime cétogène, où nous pouvons voir le changement pour le mieux. Celui-ci est un régime à base de graisse, l'accent étant mis sur la réduction délibérée des glucides. Cette approche est conçue de manière à réduire notre consommation d'aliments sucrés et féculents, si facilement disponibles. C'est un fait amusant : le sucre était en fait utilisé comme agent de conservation dans le passé, et ce n'est pas un hasard si la plupart des aliments transformés que nous connaissons aujourd'hui contiennent de grandes quantités de sucre simplement parce qu'ils permettent de prolonger leur durée de conservation. Il a également été démontré que les aliments riches en sucre déclenchent la réponse hédonique du cerveau à la faim, ce qui vous oblige essentiellement à manger pour le plaisir plutôt que pour la vraie faim. Des études ont montré que les friandises sucrées sont liées aux zones du cerveau qui sont également responsables du jeu et de la toxicomanie. Maintenant, vous savez pourquoi vous ne pouvez pas sembler arrêter de vous mettre ces bonbons confits dans votre bouche !

Nous réduisons donc les glucides et c'est là que les graisses entrent en jeu pour remplacer l'énergie nécessaire au maintien du corps. Avec le régime cétogène standard, vous chercherez à absorber 75 % de votre apport calorique quotidien sous forme de graisse, environ 20 % sous forme de protéines et les 5 % restants sous forme de glucides. Nous faisons cela parce que, comme vous vous en souvenez, nous voulons que les graisses deviennent notre principale source de carburant. Ce n'est qu'en combinant la réduction des glucides et l'augmentation de notre consommation de graisse que nous déclencherons l'initiation de la cétose. Soit, nous le faisons par le biais du régime alimentaire qui permet une utilisation durable et à long terme, ou nous nous affamons nous-mêmes en cétose. Oui, vous avez bien compris, la cétose est la fonction naturelle de l'organisme qui constitue un tampon contre les périodes de soudure où la nourriture est rare.

Régime céto est-il un régime de famine ?

Ces derniers temps, on a également beaucoup parlé de cela, certains essayant de jeter un éclairage négatif sur le régime keto à force de l'associer à la famine. Pour simplifier les choses, le processus de cétose est déclenché lorsque notre corps sent que nous n'avons pas suffisamment de glucose dans le système. Il se tourne ensuite vers nos réserves de graisse pour les convertir en cétones par le foie afin de maintenir un apport énergétique continu pour nos cellules et nos organes. Cela ne signifie pas que sur le régime céto, vous êtes réellement affamé ! Je suis un peu énervé chaque fois que quelqu'un dit cela. Comment une personne qui absorbe 1 800 à 2 000 calories quotidiennement, ce qui correspond à votre plan de repas, peut-elle être efficacement affamée ?

Pour être juste, la cétose était très utile pendant la période des chasseurs-cueilleurs de notre histoire humaine. C'était une période où l'agriculture n'était pas très répandue et la nourriture que vous mangiez dépendait de ce que vous chassiez ou que vous trouviez. Cela a créé une situation où il pourrait ne pas y avoir de nourriture pendant des jours, alors quand le glucose est entré dans le système, notre corps a envoyé de l'insuline pour la transporter dans nos organes et pour stocker le glucose inutilisé dans les cellules adipeuses pour une utilisation future.

Pendant les périodes de soudure où il n'y avait vraiment plus rien à manger, le corps est ensuite entré dans l'état de cétose en utilisant les graisses stockées pour fournir de l'énergie. Au cours de cet état, nos hormones de la faim, comme la ghréline, voient leur production réduite et les hormones qui contrôlent la satiété, comme la leptine, voient leurs niveaux élevés. Tout cela parce que notre corps essaie de tirer le meilleur parti des choses et nous permet d'être aussi à l'aise que possible lorsqu'il détecte que les sources de nourriture sont rares.

Maintenant, avançons rapidement vers les temps modernes, lorsque la nourriture n'est littéralement qu'à un ou deux pas de la maison, et que nous ne ferons probablement pas face à une pénurie alimentaire comme celle de nos ancêtres du Paléolithique. Cependant, nos corps contiennent toujours les processus et les mécanismes qui leur ont permis de survivre. C'est la raison principale pour laquelle, dans le régime céto, nous réduisons les glucides et augmentons notre apport quotidien en graisses. Lorsque nous faisons cela, nous induisons l'état de cétose et nous bénéficions de tous les avantages métaboliques conférés par le régime alimentaire. La graisse que nous mangeons entre également dans la reconstitution des réserves de graisse dans le corps, c'est pourquoi je dois le répéter, vous ne mourrez pas de faim lorsque vous suivez un régime cétogène !

Une fois que cela est fait, certaines personnes se concentrent ensuite sur la question de plusieurs millions de dollars. Si les graisses alimentaires sont stockées sous forme de graisse, pourquoi perdons-nous presque toujours du poids lorsque nous suivons un régime keto ?

Comment favorise-t-il le régime céto la perte de poids ?

L'une des premières choses que nous perdons toujours lorsque nous adoptons un régime cétogène est très certainement le poids de l'eau. Le corps stocke le glucose sous forme de graisse adipeuse, mais une petite quantité de glucose est stockée sous forme de glycogène, principalement composé d'eau. Le glycogène est destiné à fournir une énergie rapide et éclatante, celle dont nous avons besoin lorsque nous sprintons ou soulevons des poids. Lorsque nous réduisons les glucides, le corps se tourne vers le glycogène en tant que premier réservoir d'énergie, ce qui explique la perte de poids en eau au début. Cet éclatement initial de poids perdu peut être un stimulant pour le moral de beaucoup, et c'est un bon augure pour l'avenir de ceux qui s'en tiennent au régime céto. Sur une note de côté, le poids de l'eau est facilement perdu et gagné. Cela signifie que pour les personnes qui voient des résultats sur le régime céto au départ, puis qui décident de quitter le train en marche pour une raison quelconque, il y a de fortes chances que leur poids revienne à la hausse une fois que les glucides deviennent le pilier calorique quotidien.

Pour les autres qui s'en tiennent au régime cétogène, ce qui va se passer ensuite sera le mécanisme de combustion des graisses du corps qui est responsable des résultats étonnants de perte de poids constatés par beaucoup. La prémisse de base est toujours la même, en ce que les graisses adipeuses sont maintenant activées en tant que sources d'énergie par les organes et les cellules du corps, ce qui conduit à un état naturel de perte de graisse et donc de perte de poids.

La combustion des graisses n'est pas la seule raison pour laquelle la perte de poids est visible dans le régime céto. La suppression de la faim et l'amélioration de la satiété après les repas sont également des raisons pour lesquelles les gens sont mieux à même de perdre du poids pendant leur régime. L'adage de manger moins et de bouger plus a toujours été l'un des principes de longue date de la perte de poids. L'idée est de créer un déficit calorique tel que le corps soit obligé de compter sur ses réserves d'énergie stockées pour compenser les dépenses nécessaires. Sur papier, cela semble facile et simple, mais pour quiconque a déjà vécu des situations où vous avez dû consciemment restreindre votre consommation de manger sur un estomac affamé, cela pourrait être aussi difficile que de gravir le mont Everest !

Avec le régime cétogène, vous savez que vous obtiendrez une suppression naturelle de la faim, en raison de l'ajustement des hormones qui contrôlent les sentiments de faim et de plénitude. En plus de cela, les aliments que nous consommons habituellement pendant le régime aident également à perdre du poids. On sait que les graisses et les protéines sont plus rassurantes et épanouissantes que les glucides sucrés. Lorsque nous adoptons un régime alimentaire riche en graisses tout en réduisant les glucides, nous réalisons deux choses à peu près en même temps. La diminution des glucides, en particulier des sucres sucrés, réduit le désir de manger simplement parce que vous en avez envie, et non pas parce que vous avez vraiment faim. Augmenter la consommation de graisse crée également l'effet de satiété beaucoup plus rapidement et vous permet de vous sentir rassasié. C'est en partie pourquoi de nombreuses personnes qui suivent une diète céto disent qu'elles peuvent prendre deux repas par jour, voire deux, par jour, sans ressentir la moindre pincée de faim.

Dans notre programme de repas céto, nous prenons en compte un apport calorique quotidien compris entre 1 800 et 2 000 calories. Par conséquent, nous n'utilisons pas vraiment la restriction calorique pour réduire le poids. La réalité est que, lorsque vos repas vous apportent plénitude et satisfaction, ces collations minuscules et innocentes qui occupent le temps entre les repas ne figureront pas beaucoup dans votre vie ! Pensez-y : les beignets, les croustilles et les gâteaux, qui sont les collations classiques, sont éliminés, tout simplement parce que vous avez moins de chances de céder à la faim hédoniste causée principalement par ces mêmes friandises sucrées ! Cela va très loin dans la réduction des calories excédentaires qui auraient autrement été converties en tissu adipeux.

Pour résumer, le régime cétogène permet des repas sans la restriction calorique typique des autres régimes amaigrissants. Il aide également à créer des effets de suppression de la faim afin que vous n'ayez pas à faire face à ces terribles douleurs de la faim ! Il y a aussi l'absence de fringales de glucides, qui peuvent potentiellement faire dérailler n'importe quel régime. Cela nous permet de profiter d'une perte de poids naturelle en perturbant le moins possible notre quotidien. Aucun compteur de calories ne doit être déployé, aucun besoin de prendre six à huit repas par jour et aucun programme d'entraînement bizarre ou amusant ne sont nécessaires. Lorsque vous combinez cela avec les repas riches en matières grasses céto, vous obtenez une situation dans laquelle la faim peut devenir un étranger.

Réapprendre à quoi ressemble la vraie faim est aussi une autre retombée positive. Avec un régime riche en glucides, nous avons faim, car notre taux de sucre dans le sang a tendance à fluctuer énormément à mesure que nos cellules se désensibilisent progressivement à l'insuline. Le sucre augmente également la tendance à manger de façon impulsive, ce qui peut vraiment faire dérailler n'importe quel régime ! Lorsque nous réduisons les glucides et augmentons la quantité de graisse, nous devions vraiment rester attentifs lorsque nous ressentions une sensation de faim, car ils indiqueraient à votre corps qu'il est nécessaire de faire le plein.

Riche en gras ou sans gras ?

Ce sujet ne manquera pas d'être abordé lorsque nous parlerons du régime cétogène. La graisse a toujours été vilipendée comme l'une des principales causes de maladie cardio-vasculaire. Cela est dû en grande partie à l'étude sur les sept pays réalisée par Ancel Keys, qui corroborait les résultats de recherches menées dans sept pays différents, ce qui l'a finalement amené à établir un lien entre la consommation de graisse et le risque accru de maladies cardio-vasculaires. C'était un cas classique de se concentrer uniquement sur des chiffres de recherche qui étayait son hypothèse et ignorait les autres parties qui auraient pu contredire sa théorie.

Cette étude a conduit à une réduction mondiale de la consommation de graisses dans le monde entier et les régimes faibles en gras, si vous vous en souvenez, sont devenus très populaires. Heureusement, les nouvelles recherches ont au moins dissipé une partie du lien entre les graisses et les problèmes cardiaques. La plupart des scientifiques et des nutritionnistes modernes sont d'accord sur le fait qu'il existe des graisses qui ne sont pas nocives pour le corps. En fait, les graisses sont qualifiées de macronutriments essentiels, précisément parce que notre corps en a besoin pour fonctionner. Jetons maintenant un coup d'œil aux graisses qui sont jugées bénéfiques pour le système humain, car elles seront des composants importants du régime cétogène !

Les graisses mono-insaturées, pour lesquelles je ne vous ennuierai pas avec la définition chimique étouffante, sont généralement présentes sous forme liquide à température ambiante dans leur état le plus pur, mais ont tendance à se solidifier lorsque vous les placez dans des espaces froids. Vous auriez du mal à trouver quelqu'un qui donne une critique négative sur cette graisse en particulier ces jours-ci, car elle a été classée comme une graisse saine pour le cœur. Un peu d'ironie est en jeu ici, car il n'y a pas si longtemps, toutes les graisses étaient considérées comme l'une des principales causes de maladie cardiaque, et nous avons maintenant le type mono-insaturé qui est en fait responsable de la réduction des risques de problèmes cardiaques !

La plupart des acides gras mono-insaturés que nous consommons se présentent sous la forme d'avocats et d'huile d'olive. Il est également présent dans les amandes, les noix de cajou et les œufs. Le chocolat noir est une autre source d'acides gras mono-insaturés, qui deviendra probablement l'un de nos choix alimentaires intuitifs. Rappelez-vous, nous parlons de chocolat dont la teneur en cacao est d'au moins 80 % — le plus haut étant le meilleur. Le chocolat noir peut prendre un certain temps pour s'y habituer, en particulier pour ceux qui ont une dent sucrée qui aime le chocolat au lait. La différence d'impact sur la santé rend toutefois tout à fait intéressant d'adopter le changement. Sans les sucres en excès présents, et avec une augmentation correspondante de la teneur en cacao bénéfique, le chocolat noir aide à réduire le mauvais cholestérol LDL et à améliorer le profil de risque cardiaque du consommateur. Outre les acides gras mono-insaturés bénéfiques, le chocolat noir contient également une riche quantité d'antioxydants utiles qui permettent de lutter contre les maladies inflammatoires chroniques et d'améliorer les fonctions cognitives.

Une autre matière grasse qui a reçu une littérature scientifique positive serait la variété polyinsaturée. Comme son frère mono-insaturé, il se trouve normalement sous forme liquide à la température ambiante, tandis que la réfrigération permettrait généralement de solidifier ces graisses. Les graisses polyinsaturées sont beaucoup plus sensibles à l'oxydation causée par la chaleur et la lumière, et c'est là que réside le nœud du problème. Les huiles de soja et de maïs, ainsi que le tournesol, sont des sources riches en acides gras polyinsaturés oméga-6, et ces graisses sont supposées réduire votre cholestérol LDL. Cependant, il est courant d'avoir beaucoup de chaleur et de lumière en quantité lorsque nous examinons la plupart des méthodes d'extraction de pétrole. Il en irait de même pour les huiles de poisson riches en oméga-3, l'autre acide gras polyinsaturé réputé. Les problèmes de traitement, qui impliquent trop de chaleur et de lumière, oxydent inévitablement les graisses saines.

Une fois oxydées, les graisses polyinsaturées deviennent un animal totalement différent. Les graisses oxydées sont connues sous le nom de graisses trans, ou graisses franches. Ils n'apportent absolument aucun bénéfice pour la santé du corps, mais augmentent considérablement l'incidence du risque cardio-vasculaire et stimulent la croissance cancérogène dans le corps. Les niveaux de radicaux libres sont également élevés lorsque nous consommons des acides gras trans. S'il y avait une substance sur terre que je ne recommanderais pas, cela figurerait probablement en tête de liste. Pour aggraver les choses, les gras trans ne se produisent qu'en quantités minimes, naturellement, ce qui signifie que nous ne souffririons probablement pas de ses effets si nous laissions les choses à la nature. Malheureusement, la plupart des acides gras trans qui pénètrent dans nos systèmes corporels sont d'origine humaine, grâce à l'extraction et au traitement de l'huile. La plupart des aliments frits et transformés disponibles sur le marché sont également des dérivés d'huile végétale, en raison de sa disponibilité et de son bon marché. Nous nous rendrions un grand service si nous devions vraiment éviter ces huiles végétales. Au lieu de cela, il existe certaines huiles et substances qui conviennent mieux à la cuisson à haute température et nous les aborderons certainement plus tard.

Pour le moment, notre meilleur choix pour obtenir des acides gras polyinsaturés oméga-6 et oméga-3 non altérés de qualité serait probablement de manger des noix de pin et des pistaches non transformées. Les poissons gras comme la truite et le saumon seraient d'excellentes sources d'oméga-3, pris crus dans le style de sashimi japonais ou légèrement grillé aux saveurs méditerranéennes seraient également bons. Pour ceux qui envisagent de se procurer des suppléments d'oméga-3 comme l'huile de poisson, il serait préférable de choisir des producteurs qui utilisent des procédés qui nécessitent le moins de chaleur et de lumière possible. Dans de telles situations, il peut parfois être préférable d'aller à l'école et aux méthodes traditionnelles que de nouvelles méthodes.

Les acides gras oméga-3 sont essentiels à la santé cérébrale et des études ont montré que les patients traumatisés au cerveau présentaient une meilleure récupération lorsque l'acide eicosapentaénoïque (EPA) et l'acide docosahexaénoïque (DHA) étaient deux des acides oméga-3 les plus importants. Introduit directement par voie intraveineuse. Les acides oméga-3 jouent également un rôle important dans la régulation de la réponse inflammatoire du corps. Leur présence produit des substances anti-inflammatoires qui contribuent dans une large mesure à équilibrer les effets nocifs du sucre et des acides gras trans présents dans le régime alimentaire moderne.

Les acides oméga-6 sont également nécessaires au bon fonctionnement de l'inflammation, car ils contiennent des déclencheurs qui déclenchent la réaction inflammatoire dans le corps. Une réaction inflammatoire adéquate dans le corps est nécessaire pour agir comme une sorte de pare-feu ou de défense contre les agents pathogènes étrangers et les substances nocives qui pourraient nous blesser. La clé ici est l'équilibre entre les acides oméga-3 et -6, où le rapport optimal est vu comme deux parts d'oméga-3 pour une part d'oméga-6. Vous voulez pouvoir rallier les forces de défense de votre corps lorsque des ennemis apparaissent aux portes, mais dans le même contexte, vous voulez également pouvoir les maîtriser une fois les virus éliminés. Avoir la défense du corps activée trop longtemps est une recette parfaite pour une inflammation chronique.

Le dernier type de graisse que nous examinons serait les graisses saturées. C'est là que se dérouleraient les débats et les arguments les plus sérieux concernant l'impact de cette graisse sur la santé humaine. Certains partisans convaincus de la théorie qui relie les graisses saturées aux maladies cardiaques continuent de penser que la réduction des graisses saturées aiderait considérablement à réduire le cholestérol ainsi que les risques de maladies cardio-vasculaires. D'autres, cependant, indiquent qu'il est de plus en plus évident que les graisses saturées n'ont pas d'incidence sur le développement des maladies cardiaques. La graisse saturée tire sa mauvaise réputation de problèmes cardiaques du fait qu'on pense qu'elle obstrue les artères par la formation de la plaque athéroscléreuse. La plaque contient de la graisse et du cholestérol, ainsi que d'autres substances, et constitue un cas très viable d'affirmer que la graisse est principalement responsable de la formation de cette plaque menaçant le pronostic vital. Sauf que les choses ne sont pas toujours ce qu'elles paraissent.

Si nous approfondissons un peu plus la fonction de la plaque athéroscléreuse, la théorie simple selon laquelle les artères saturantes en graisses saturées obstruent les artères, comme les déchets coincés dans l'évier de la cuisine et les tuyaux, peut sembler un peu fragile. Pensez-y : si les graisses saturées étaient vraiment si mauvaises, à l'époque de nos grands-parents et de nos arrière-grands-parents, une épidémie de maladie du cœur aurait été causée ! Ils consommaient de la viande rouge, du saindoux, du fromage et d'autres produits laitiers à la crème complète, riches en graisses saturées. Comment se fait-il que nos ancêtres aient trouvé qu'il était acceptable de consommer ces aliments riches en gras sans problèmes médicaux majeurs, alors que nous chanterions un air différent en consommant les mêmes aliments ? Le problème, semble-t-il, ne réside pas dans les matières grasses, mais dans notre obsession moderne du sucre.

Le sucre a été à juste titre identifié comme l'une des principales causes d'inflammation chronique et le principal responsable de nombreuses maladies débilitantes qui semblent se développer dans les pays développés. Le diabète, la maladie d'Alzheimer et même le syndrome métabolique ont tous été attribués, en tout ou en partie, à la présence élevée de sucre dans notre alimentation moderne. En l'occurrence, l'inflammation se produit également dans nos organes et nos artères, et notre corps, en tant que super ordinateur biochimique, déploiera ensuite des substances curatives dans les zones enflammées afin de rectifier ou de résoudre le problème. C'est ce qui se produit dans le cas de nos artères, atteintes et endommagées par l'assaut du sucre, la plaque qui se forme est créée par notre corps pour couvrir les zones en détresse et tenter de les guérir. Imaginez une entaille ou une coupure sur votre bras, pendant la cicatrisation, une croûte se formerait pour empêcher la plaie de se rouvrir, ce qui correspond exactement à la formation de la plaque artérielle. La plaque se forme dans le but de permettre au corps de guérir les artères touchées. Le plus souvent, le corps serait toujours soumis à de fortes quantités de sucre par le biais d'un régime alimentaire et la guérison serait définitivement compromise. Lorsque la zone est rendue irréparable, le corps tente alors de protéger cette partie endommagée du reste du système en bonne santé, et c'est à ce moment que l'athérosclérose commence sérieusement.

Certaines personnes peuvent encore s'interroger sur les niveaux de cholestérol et de graisse présents dans la plaque artérielle et en faire une source d'inquiétude. Ce n'est peut-être pas surprenant de savoir que le cholestérol est l'un des ingrédients les plus importants lorsque le corps a besoin de se soigner. C'est pourquoi le cholestérol est répertorié comme une substance essentielle pour le corps humain. Beaucoup de personnes sont préoccupées par les taux de cholestérol élevés, mais les taux de cholestérol faibles sont également une source de préoccupation pour la santé, car cela implique un problème potentiel pour la capacité de guérison du corps. La graisse saturée joue également son rôle en assurant une signalisation nerveuse appropriée et en optimisant les performances du système immunitaire. Cette régulation du système immunitaire devient cruciale lorsque nous parlons de processus de guérison dans notre corps. Avec l'explication de la présence de cholestérol et de graisses saturées dans la plaque artérielle, je suppose que cela devrait rassurer la plupart des esprits sur les graisses saturées ! Rappelez-vous que le corps a besoin de tous les types de graisses pour une fonction essentielle. Il serait donc contre-productif pour un régime d'adopter un régime faible en gras. Rappelez-vous que le cerveau est principalement composé de graisses saturées et que des graisses saturées sont nécessaires à son fonctionnement optimal. La gaine de myéline, une substance isolante assurant la transmission et la signalisation nerveuses appropriées, compte le cholestérol et les graisses comme ses principaux composants formateurs. Les aliments riches en graisses saturées constitueraient une source d'approvisionnement suffisante pour ces éléments de base.

À ce stade, nous savons que la graisse est nécessaire et est en fait un ingrédient nécessaire dans de nombreux processus corporels importants nécessaires au maintien de la vie. De plus, nous pourrions probablement nous rendre service et bannir le lien entre les graisses organiques saines et les maladies cardio-vasculaires. Notez que j'ai dit les graisses saines et organiques. Les acides gras trans ou les acides gras francs doivent rester en tête de liste des substances interdites ! Alors, allez-y et appréciez les aliments sains, riches en matières grasses, que vous trouverez en toute tranquillité dans votre régime cétogène, car c'est une excellente occasion de remettre le corps dans un état métabolique optimal et de le transformer en une machine à brûler les graisses naturelles !

Cétose versus acidocétose

Chaque fois que je commence à aider une personne à se familiariser avec le régime céto ou à en savoir plus, je suis presque toujours certain que cette question sur l'acidocétose va surgir, j'ai donc pensé qu'il pourrait être utile d'inclure cette section pour clarifier la situation.

L'acidocétose est principalement une situation où le corps a peu ou pas d'insuline pour transporter le glucose présent dans le sang dans les cellules pour une utilisation ou un stockage. Le corps a alors l'impression de mourir de faim et d'avoir besoin d'énergie. La production de cétone est donc activée dans le foie pour corriger ce problème. Cependant, le corps ne reçoit pas le signal pour ralentir ou arrêter la production de cétone, car l'insuline dans le système est insuffisante pour le faire. Les cétones s'accumulent ensuite dans le sang, avec le glucose, et les taux élevés provoquent l'acidocétose.

Certains des symptômes de l'acidocétose sembleraient terriblement familiers avec la cétose nutritionnelle.

- Beaucoup de voyages aux toilettes pour la miction

- Se sentir très soif tout le temps

- Avoir des vomissements constants

- Douleurs abdominales et nausées constantes

- Se sentir fatigué et confus mentalement

- Sensation d'air insuffisant ou d'essoufflement

Les mictions fréquentes, la fatigue et l'état de fatigue mentale sont également fréquents chez les personnes en phase initiale de cétose. C'est là que le corps s'habitue au mode de vie à faible teneur en glucides et effectue ses ajustements métaboliques. Ces symptômes peuvent être agaçants, mais ils sont inoffensifs et, surtout, ils disparaîtront après les premières semaines de cétose.

Pour identifier de manière définitive l'acidocétose, le truc ici n'est pas simplement de zoomer sur un symptôme particulier et de devenir trop inquiet. Les symptômes de l'acidocétose se présentent généralement ensemble et, si vous deviez choisir un symptôme particulier, ce serait le vomissement constant. En présence de douleurs à l'estomac et d'essoufflement, un traitement médical immédiat est nécessaire, car l'acidocétose peut mettre la vie en danger.

La clé ici est l'approvisionnement insuffisant ou le manque d'insuline. C'est une situation dans laquelle la plupart des patients diabétiques de type 1 se retrouveraient, ainsi que, dans une moindre mesure, des diabétiques de type 2. Lorsque le pancréas ne peut pas produire le niveau d'insuline nécessaire pour signaler l'arrêt de la production de cétone, c'est alors que les taux de cétone peuvent devenir excessifs et provoquer des conditions excessivement acides dans le sang.

Cela ne signifie pas que les diabétiques de type 1 ou les personnes qui dépendent de sources d'insuline externes ne peuvent pas suivre le régime cétogène. Ils peuvent toujours, à condition qu'ils surveillent et maintiennent des niveaux adéquats d'insuline dans le corps. Dans les cas où le pancréas est encore partiellement en forme et capables de fournir des quantités suffisantes d'insuline, le régime céto pourra corriger efficacement la désensibilisation à l'insuline des cellules du corps et améliorer, voire inverser, les maladies liées au diabète de type 2.

Avantages du mode de vie cétogène

Plus qu'un simple potentiel pour inverser le diabète de type 2, le régime cétogène a de nombreux effets bénéfiques, énumérés ci-dessous. Cela constituera un bon rappel ou rappel de motivation lors des moments du parcours céto où les choses se compliquent et où jeter l'éponge devient une option plutôt agréable. N'abandonnez pas ! Ce sont les bonnes choses qui vous attendent au bout de l'arc-en-ciel !

Suppression naturelle de la faim - comme ce qui a été élaboré précédemment, cette caractéristique du régime céto est très utile lorsque votre objectif est de perdre du poids. Vous pouvez maintenant le faire sans souffrir de la folie de la faim.

Perte de poids durable et maintien - une autre chose qui pèse sur le régime cétogène est le fait que vous n'avez pratiquement pas à faire attention aux rebonds de poids soudains ou aux gains de poids fous si vous suivez le régime. Les mécanismes de la cétose ne permettent pas que cela se produise, et bien sûr, nous parlons ici de repas normaux, pas de régimes de sept ou huit mille calories, qui bouleverseraient définitivement le processus de perte de poids. Vous pouvez toujours prendre du poids si vous mangez trop !

Pensées plus claires dans l'esprit - en raison des avantages neuroprotecteurs que les cétones confèrent réellement au cerveau, l'un des avantages supplémentaires de la céto serait de bénéficier d'un esprit plus net et plus clair. Les processus de pensée sont touchés avec plus de clarté, sans le brouillard cérébral habituel pour les personnes qui suivent un régime riche en glucides. Les cétones qui brûlent plus efficacement comme carburant contribuent également à cette clarté mentale accrue.

Humeurs meilleures et plus stables - lorsque le corps entre en cétose, les cétones générées pour l'énergie contribuent également à l'équilibre entre deux neurotransmetteurs qui régissent le cerveau : le GABA, également appelé acide gamma — aminobutyrique, et le glutamate. Le GABA sert à calmer le cerveau, tandis que le glutamate agit comme un stimulant pour le système cérébral. Le truc pour un cerveau en bonne santé et heureux est de maintenir un équilibre correct entre ces deux substances, et les cétones aident certainement à atteindre cet objectif.

Niveaux d'énergie optimaux - au lieu d'avoir des pics en montagnes russes, le corps alimenté à la cétone vous permettra de faire l'expérience de niveaux d'énergie plus ou moins constants aussi longtemps que vous mangez au moment où vous avez faim. La fatigue chronique devient également un non-problème en raison des niveaux d'énergie élevés. Même si la fatigue chronique est le symptôme d'autres maladies, beaucoup constatent que, même si elle ne disparaît pas complètement, la fatigue s'atténue mieux avec le régime céto.

Niveaux d'inflammation réduits - lorsque vous vous assurez que votre équilibre en acides gras oméga-3 est adéquat, ces acides gras polyinsaturés sains aident à réduire la réponse inflammatoire dans le corps. Cela fait de bonnes nouvelles pour ceux qui souffrent de maladies inflammatoires chroniques. En outre, la restriction en glucides entraînerait probablement une diminution importante de votre consommation de sucre, ce qui contribuera également à réduire l'inflammation.

Taux de triglycérides bas - avec un apport réduit en glucides, le taux de triglycérides dans le sang serait automatiquement réduit. Les triglycérides se forment lorsque nous avons un excès de calories, généralement des glucides, ce qui permet au corps de commencer le processus de stockage de l'énergie non requise sous forme de graisse. Lorsque le corps est alimenté principalement par des cétones et non par du glucose, la nécessité de produire des triglycérides diminue en fait en raison du changement des habitudes alimentaires. Sur céto, vous mangez lorsque vous avez vraiment faim, et non à cause des fluctuations fluctuantes de la glycémie et de la sirène des glucides.

Taux de cholestérol améliorés - en cas de keto, votre taux de cholestérol HDL augmente, alors que votre taux de cholestérol LDL va en sens inverse. Dans certains cas, vous constaterez une augmentation des taux de HDL et de LDL, entraînant une augmentation globale du taux de cholestérol. Certaines personnes ont exprimé leur inquiétude à ce sujet et j'aimerais développer un peu plus à ce sujet. Les taux de LDL et de cholestérol total peuvent devenir élevés pour ceux qui suivent un régime cétogène, mais cela ne devrait pas vous effrayer totalement ! Pensez-y de cette manière : si votre corps a été endommagé métaboliquement au cours des années de consommation de glucides transformés et sucrés, l'augmentation du cholestérol est en fait un signe que le corps traverse un cycle de guérison afin de normaliser la fonction métabolique. Lorsque les dommages sont en grande partie réparés, les niveaux de LDL et de cholestérol total ont tendance à commencer à baisser. Le corps de chacun est différent, de même que le temps nécessaire à la réparation. Certains pourraient voir des résultats dans les mois à venir, alors que d'autres auront besoin d'un an ou deux pour atteindre les niveaux optimaux.

Moins de stress oxydatif — le régime cétogène est responsable de l'augmentation des antioxydants présents dans le corps, tout en réduisant directement l'oxydation subie par les mitochondries du corps. Avec une activité antioxydante accrue pendant le régime céto, les radicaux libres ont tendance à avoir plus de mal à infliger des dommages oxydatifs à notre corps. Moins d'oxydation signifie généralement que nos cellules et nos organes fonctionnent mieux et bénéficient d'une durée de vie plus longue. Cela signifie également que nous pourrions avoir une chance de prolonger notre longévité, car l'oxydation, l'une des principales causes du vieillissement, voit son activité restreinte dans une certaine mesure pendant le régime cétogène.

Ce ne sont que quelques-uns des avantages dont vous bénéficierez lorsque vous irez au keto. J'aurais bien aimé vous donner plus d'informations, en particulier lorsque le régime cétogène a eu des effets positifs sur des maladies telles que le cancer, le syndrome des ovaires polykystiques, la stéatose hépatique non alcoolique et les maladies neurodégénératives telles que la maladie de Parkinson et d'Alzheimer.

Test pour les cétones

Les tests de cétones peuvent vous aider à déterminer si vous avez atteint la cétose. Pour comprendre les différentes méthodes de test des cétones, vous devez connaître un peu les corps cétoniques. Sur le plan fonctionnel, il existe trois types de corps cétoniques :

- Acétone

- Acétoacétate

- Bêta-hydroxybutyrate (BHB)

Chacun des trois types de tests de cétones recherche l'un de ces trois corps cétoniques. L'acétone est testée dans l'haleine, l'acétoacétate dans l'urine et le BHB dans le sang. Chaque méthode a ses avantages et ses inconvénients.

Bandelettes de test d'urine : si vous testez l'urine à la recherche de cétones à l'aide de bandelettes de test d'urine, vos résultats aux premiers stades du passage au céto refléteront généralement des taux plus élevés de cétones, car votre corps n'a pas encore commencé à utiliser des cétones comme carburant. Une fois que vous êtes complètement adapté au keto, vous verrez de moins en moins de cétones dans votre urine, car votre corps utilisera ces cétones comme carburant au lieu de les excréter. Les bandelettes réactives d'urine sont également sensibles aux changements de votre état d'hydratation. Plus vous êtes hydraté (n'oubliez pas que vous buvez beaucoup d'eau !), Plus le niveau de cétone sur la bandelette de test d'urine sera bas. Les bandelettes réactives d'urine ne constituent donc pas une méthode de test particulièrement précise.

Test respiratoire : votre niveau d'acétone dans votre respiration vous donne une bonne idée de la quantité de graisse que votre corps transforme en carburant, mais il n'a pas de corrélation directe avec la quantité de BHB dans votre sang.

Test sanguin de cétone : Le test sanguin de cétone est le meilleur indicateur de votre véritable état de cétose. Dans une plage de BHB comprise entre 0,5 et 5,0 millimoles par litre de sang, votre corps est en cétose et utilise des cétones comme principale source de carburant.

Deuxième Partie : Bourse des aliments cétogène

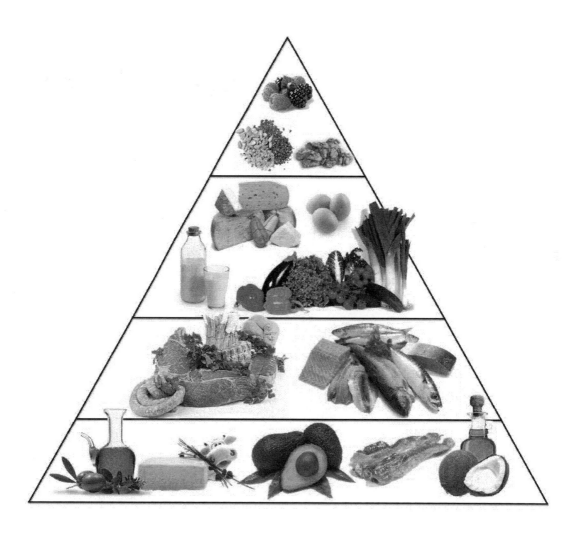

Les besoins standard en macronutriments liés au régime cétogène sont les suivants :

- 75 % de matières grasses

- 20 % de protéines

- 5 % de glucides

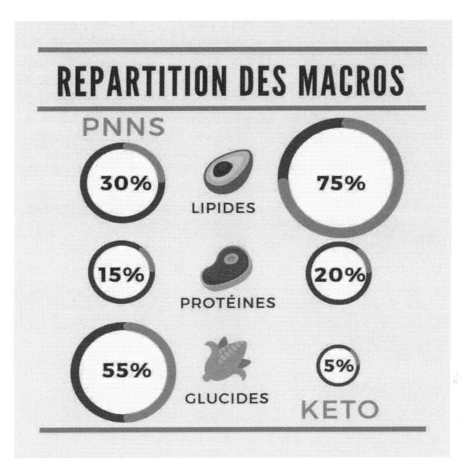

Lorsque nous traduisons cela en un apport quotidien de 2 000 calories, cela signifie que nous examinons 1 500 calories provenant des lipides, 400 calories des protéines et les 100 calories restantes provenant des glucides. Avec chaque gramme de protéines et de glucides rapportant 4 calories et chaque gramme de graisse rapportant 9 calories, la répartition ci-dessus aboutira à un chiffre quotidien d'environ 166 grammes de matières grasses, 100 grammes de protéines et 25 grammes de glucides. Ces nombres de macronutriments devraient être au premier plan de votre esprit lorsque vous débutez avec le régime cétogène. Rappelez-vous simplement que vous devez toujours essayer de répondre à vos besoins en graisse, de limiter votre consommation de glucides et de réfléchir à la quantité de protéines que vous absorbez dans votre système.

Si votre expérience ressemble à la mienne, vous constaterez que manger suffisamment de gras semble être un problème, du moins au début. C'est en partie parce qu'une grande partie de la graisse que vous absorbez est présente sous forme liquide. Pensez aux huiles d'olive et de noix de coco, ou au beurre et au saindoux lorsqu'ils sont chauffés à la poêle. Ce sont tous des éléments essentiels riches en graisses dans le régime céto, mais ils peuvent être facilement oubliés, car ils ne seront jamais les aliments principaux dans un repas. J'ai constaté que le fait de garder le nombre quotidien de matières grasses me permettait d'augmenter ma consommation de matières grasses. Les jours où vous trouvez que le nombre de matières grasses est un peu bas, le chocolat noir à 99 % ainsi que le café à toute épreuve peuvent rapprocher ces chiffres de ceux qu'ils sont censés être. Bien sûr, il existe de nombreux autres aliments riches en gras qui peuvent également faire l'affaire, alors jetons-y un coup d'œil !

Aliments à consommer dans le régime cétogène

Il existe différents types d'aliments qui entrent dans cette liste. Ces idées alimentaires poussent résolument vers une teneur élevée en matières grasses, tout en intégrant d'autres nutriments et des vitamines saines pour l'utilisation par le corps.

Viandes et produits d'origine animale : Concentrez-vous sur les coupes grasses de viande et de fruits de mer pêchés dans la nature ou sur pâturages, en évitant autant que possible les viandes d'animaux d'élevage et les viandes transformées. Et n'oubliez pas les abats d'organes !

- Bœuf
- Poulet
- Œufs
- Chèvre
- Agneau
- Porc
- Lapin
- Dinde
- Venaison
- Crustacés
- Saumon
- Maquereau
- Thon
- Flétan
- Morue
- Gélatine
- Viande organique

Graisses saines : Les meilleures graisses à consommer dans le régime cétogène sont les graisses mono-insaturées et polyinsaturées, bien qu'il y ait beaucoup de graisses saturées et saines. Au risque de ressembler à un enregistreur brisé, évitez les gras trans. Peut-être qu'« éviter » n'est pas un mot approprié. Fuir pourrait être mieux. Fuyez les gras trans comme la peste. Assez dit.

- Beurre
- Graisse de poulet
- Huile de noix de coco
- Graisse de canard
- Ghee
- Saindoux
- Suif
- Huile d'avocat
- Huile d'olive
- Beurre de coco

- Lait de coco

Légumes : Les légumes frais sont riches en nutriments et faibles en calories, ce qui en fait un excellent complément à tout régime alimentaire. Avec le régime cétogène, cependant, vous devez faire attention aux glucides, alors tenez-vous-en aux légumes-feuilles et aux légumes à faible indice glycémique plutôt qu'aux légumes racines et autres légumes féculents. J'ai classé les avocats dans cette section, car certains d'entre nous le reconnaissent peut-être comme un légume, même s'il s'agit en réalité d'un fruit.

- Artichauts
- Asperges
- Avocat
- Poivrons
- Brocoli
- Chou
- Chou-fleur
- Concombre
- Céleri
- Salade
- Okra ou doigts de femme
- Radis
- Algues
- Épinard
- Tomates
- Cresson
- Zucchini

Produits laitiers : Si vous êtes capable de tolérer les produits laitiers, vous pouvez inclure des produits laitiers gras, non pasteurisés et crus dans votre alimentation. N'oubliez pas que certaines marques contiennent beaucoup de sucre, ce qui pourrait augmenter la teneur en glucides. Faites donc attention aux étiquettes nutritionnelles et modérez votre consommation de ces produits. Si possible, optez pour les versions complètes, car elles auront moins de chance que le sucre soit utilisé pour remplacer la graisse.

- kéfir
- Fromage blanc
- Fromage à la crème
- Fromage cheddar
- Fromage brie
- Fromage mozzarella
- Fromage suisse
- Crème fraîche
- Yaourt entier
- Crème épaisse

Herbes et épices : Les herbes fraîches et les épices séchées sont un excellent moyen de donner du goût à vos aliments sans ajouter un nombre important de calories ou de glucides.

- Basilic
- Poivre noir
- Cayenne
- Cardamome
- Poudre de chili
- Coriandre
- Cannelle
- Cumin
- Poudre de curry
- Gingembre
- Ail
- Noix de muscade
- Origan
- Oignon
- Paprika
- Persil
- Romarin
- Sel
- Sauge
- Thym
- Safran des Indes
- Poivre blanc

Boissons : Vous devriez éviter toutes les boissons sucrées dans votre régime cétogène, mais vous pouvez toujours prendre certaines boissons pour ajouter un peu plus de variété à votre choix de liquides en plus de la bonne vieille eau.

- Lait d'amande non sucré
- Bouillon d'os
- Lait de cajou non sucré
- Lait de coco
- Club Soda
- Café
- Thé
- Eau minérale

Aliments sur la liste de modération

Ces produits alimentaires sont inclus ici, car ils ont tendance à avoir un nombre de glucides plus élevé. La modération est donc importante. Cependant, ils regorgent d'autres nutriments et certains d'entre eux apportent également un peu plus de graisse pour vous aider à consommer quotidiennement des matières grasses !

Fruits : Les fruits frais sont une excellente source de nutrition. Malheureusement, ils sont également chargés de sucre, ce qui signifie qu'ils sont riches en glucides. Il y a quelques fruits faibles à modérer en glucides que vous pouvez déguster en petites quantités, mais vous devez surveiller la quantité que vous mangez !

Nous pouvons toujours obtenir leurs avantages et maintenir la cétose avec les bonnes quantités de consommation. La plupart des fruits détaillés ci-dessous vous permettent de prendre une tasse ou plus, peut-être une ou deux tranches par jour, en particulier lorsque vous débutez et que vous souhaitez réduire votre nombre de glucides. Au fur et à mesure que vous progressez et que vous maîtrisez mieux votre seuil en glucides, vous pouvez augmenter la quantité de ces aliments tout en respectant votre limite de glucides.

- Abricot
- Mûres
- Myrtilles
- Cantaloup
- Cerises
- Canneberges
- Pamplemousse
- Miellat
- Kiwi
- Citron
- Citron vert
- Pêches
- Framboises
- Fraises

Noix et graines : Bien que les noix et les graines contiennent des glucides, elles sont également riches en graisses saines. Les noix et les graines suivantes ont une teneur en glucides faible à modérer, vous pouvez donc les déguster aussi longtemps que vous surveillez la taille de vos rations. Habituellement, 120 g ou une poignée de noix serait un bon indicateur pour voir combien vous pouvez manger et rester malgré votre cétose au quotidien.

- Amandes
- Noix de cajou
- Graines de chia

- Noisettes
- Noix de macadamia
- Noix de pécan
- Pignons de pin
- Pistaches
- Psyllium
- Graines de citrouille
- Graines de sésame
- Graines de tournesol
- Noix
- Beurre de noix

Aliments à éviter

En ce qui concerne les aliments que vous devriez éviter avec le régime cétogène, il y a quelques grandes catégories à mentionner. D'abord et avant tout, évitez autant que possible les céréales et les ingrédients à base de céréales, car ils contiennent le plus de glucides. Choisissez des graisses saines plutôt que des huiles hydrogénées et essayez de limiter votre consommation de légumes féculents et de fruits à glycémie élevée. En ce qui concerne les édulcorants, les sucres raffinés tels que le sucre blanc et le sucre brun sont totalement limités et vous devez également éviter les édulcorants artificiels. Les édulcorants naturels comme le miel, le sirop d'érable pur et l'agave ne sont pas nécessairement mauvais pour la santé, mais ils sont très riches en glucides. Les meilleurs édulcorants à utiliser dans le régime cétogène sont l'érythritol en poudre, la stévia et les édulcorants aux fruits de moine.

Stévia est une plante qui est également connue comme la feuille de sucre. Cet édulcorant se présente sous plusieurs formes. Assurez-vous que le type d'achat que vous achetez ne contient pas non plus d'édulcorant artificiel. L'extrait liquide de stévia est généralement la meilleure option, mais vous pouvez également trouver de l'extrait en poudre de stévia. Une autre option est l'érythritol en poudre, qui est extrait du maïs, et il s'agit généralement de la meilleure option à utiliser dans les recettes de produits de boulangerie. En ce qui concerne les sauces et les condiments, vous devez lire l'étiquette du produit pour savoir si le produit est conforme aux normes ou non, car les marques diffèrent considérablement. De manière générale, les condiments de base tels que la moutarde jaune, la mayonnaise, le raifort, la sauce piquante, le vinaigre et les huiles sont adaptés au keto. Quand il s'agit de choses comme le ketchup, la sauce barbecue et les vinaigrettes, vous devez être conscient de la teneur en sucre qu'ils contiennent.

Voici une liste des principaux aliments que vous devrez éviter lors d'un régime cétogène.

- Farine tout usage
- Farine de blé
- Farine à pâtisserie
- Farine à gâteau
- Céréales
- Pâtes
- Riz
- Blé
- Produits de boulangerie
- Sirop de maïs
- Barre de céréales
- Quinoa
- Sarrasin
- Orge

- Oranges
- Couscous
- L'avoine
- Muesli
- Margarine
- Huile de canola
- Huiles hydrogénées
- Haricots noirs
- Bananes
- Mangues
- Ananas
- Patates
- Pommes
- Patates douces
- Pois chiches
- Riz brun
- Bonbons
- Chocolat au lait
- Crème glacée
- Boissons sportives
- Cocktail de jus
- Soda
- Bière
- Lait
- Produits laitiers faibles en gras
- Sucre blanc
- Cassonade
- Sirop d'érable
- Mon chéri
- Agave

Ce qu'il faut rechercher dans certains aliments céto

Comme il s'agit bien d'un livre de recettes, j'ai jugé qu'il serait approprié de partager quelques conseils et idées sur ce qu'il faut rechercher lorsque vous choisissez les aliments céto les plus courants et les plus populaires pour préparer vos repas.

Saumon : Ce poisson gras a toujours occupé une place de choix pour les aliments favorables à la céto. Vous savez peut-être qu'il contient de nombreux acides gras polyinsaturés oméga-3 bénéfiques, qui améliorent la santé du cerveau et aident à réduire l'inflammation, mais il contient également de nombreux autres nutriments dont le corps a besoin.

Le potassium et le sélénium se trouvent en quantités abondantes lorsqu'il s'agit de saumon. Le potassium fait partie intégrante de la régulation adéquate de la pression artérielle ainsi que de la rétention d'eau du corps. Le sélénium aide à maintenir une bonne santé osseuse et à assurer un système immunitaire optimal. En plus de cela, le saumon contient également des niveaux sains de vitamines B. Ces vitamines sont cruciales pour un traitement efficace des aliments en énergie, ainsi que pour le bon fonctionnement de l'ADN et du système nerveux. Pour couronner le tout, le saumon contient de l'astaxanthine, un antioxydant qui donne à la chair de saumon sa teinte rose rougeâtre. Ce puissant antioxydant contribue à la santé du cœur et du cerveau et peut également être bénéfique pour la peau.

Pour obtenir un accord de bonne qualité, la première chose à noter est l'odeur. Le saumon frais, ou n'importe quel poisson d'ailleurs, n'aura pas vraiment d'odeur. Vous pouvez probablement sentir une teinte de l'océan, mais le poisson frais ne sentira certainement pas le poisson. Quand il est louche, vous savez que le poisson n'est pas pour vous.

Ensuite, faites attention aux yeux. Recherchez ceux qui ont les yeux clairs et brillants. Pensez à une star de cinéma qui s'est déchirée : c'est le genre d'œil qui montre le mieux ce que vous recherchez. Ne jamais opter pour des yeux creux ou secs. Les espèces à la recherche de nuages sont également une solution de choix pour la sélection de poissons frais.

Les nageoires et les branchies sont également des domaines auxquels nous voulons prêter attention. Le poisson frais a des nageoires qui semblent mouillées et entières, pas déchirées ni en lambeaux. Leurs ouïes sont rouge vif et propres, pas brun rougeâtre et gluantes. Enfin, si vous y êtes autorisé, essayez d'appuyer sur la chair pour voir si elle rebondit comme le fait votre propre. La chair qui est déprimée et reste déprimée ne devrait pas finir dans votre cuisine.

Pour les coupes de filet, le mieux que vous pouvez faire est de faire attention à la couleur et à l'apparence de la pièce. La couleur doit être vibrante et lumineuse. Des teintes variées allant du rouge au corail en passant par le rose sont acceptables, mais souvenez-vous toujours que l'essentiel est l'éclat de la chair. Suivant serait de repérer des fissures ou des fissures dans la chair elle-même. Cela indique que le filet a été conservé pendant un certain temps et qu'il n'est plus aussi frais. De plus, toute accumulation d'eau devrait également déclencher des sonnettes d'alarme, car cela signifie que la structure de la chair a commencé à se dégrader et qu'il est temps de passer à un autre élément.

Poitrine de porc : C'est un autre aliment de base probable dans le régime céto. J'en ai parlé dans mon autre livre, mais je tiens ici à vous aider à choisir une bonne coupe pour préparer vos repas. Chaque tranche de 100 grammes de poitrine de porc contient environ 50 grammes de graisse. Emballant encore 9 grammes de protéines et absolument pas de glucides, vous pouvez être sûr qu'il s'agit d'un bon aliment pour augmenter votre taux de graisse quotidien. En plus de cela, il peut être absolument facile de préparer de délicieux repas avec.

Lorsque vous choisissez le ventre de porc, vous devriez regarder la couleur de la coupe. Optez pour les coupes allant du rose rougeâtre au rouge foncé. Une viande de couleur plus claire signifie généralement que la fraîcheur peut avoir disparu. Le grisonnement ou la décoloration signifie certainement que la carie s'est déjà installée et que la viande ne doit pas être ramassée.

Vous devez également rechercher les bandes de graisse blanches et striées présentes dans le ventre de porc. En général, plus il y a de traînées, plus la marbrure est bonne et c'est une bonne nouvelle pour vous. Assurez-vous toujours que la marbrure est blanche, car toute coloration jaune ou grisâtre représenterait une viande ayant probablement dépassé sa date de péremption.

Huile d'avocat : Je dois être honnête ici et dire que cette huile, pour moi, a été un ajout ultérieur par rapport à l'huile d'olive et de noix de coco. L'huile d'olive, ainsi que l'huile de noix de coco polyvalente, ont toute leur place dans le panthéon des aliments de base céto, mais l'huile d'avocat leur donne peut-être l'air couru.

L'huile d'avocat, par exemple, est composée essentiellement de gras mono-insaturés. Cette bizarrerie particulière est liée à un point très important. L'huile est considérée comme beaucoup plus stable que ses cousins gras polyinsaturés, comme l'huile végétale et même l'huile d'olive extra vierge. De plus, l'huile d'avocat a un point de fumée plus élevé, environ 260 °C, que la plupart des huiles végétales. Cela en fait un ajout précieux dans la cuisine, car l'huile a une plus grande résistance à la dégénérescence due à la chaleur. Ajoutez à cela le fait qu'il contient une bonne dose de vitamines, de minéraux, de composés phytochimiques et d'antioxydants. Vous constaterez qu'il s'agit d'une huile que vous pouvez potentiellement utiliser pour de nombreuses applications différentes.

Certaines personnes l'utilisent pour le soin des cheveux et de la peau, où l'huile riche en vitamine E est connue pour être facilement absorbée sans autres produits chimiques ou autres additifs potentiellement nocifs. L'ajout d'huile dans les salades, les légumes ou les fruits est également un excellent moyen d'augmenter la consommation de graisses mono-insaturées avec très peu d'inconvénients. Vous voudrez peut-être même essayer de le boire cru, bien que cela ne fonctionne pas pour moi, car je l'ai trouvé un peu trop cru. Le mélanger avec du citron vert ou de l'ail a toujours été ce que je préfère.

Parlons maintenant un peu de la façon de choisir l'huile d'avocat. Tout d'abord, nous voulons examiner la source ou l'origine de l'huile, ce qui signifie généralement que nous devons savoir où et comment les avocats ont été cultivés. À cet égard, vous devez rechercher un label biologique certifié pour savoir que les avocats ont été cultivés sans aucun additif de synthèse. Cela garantit que les huiles dérivées des avocats ne contiennent aucune substance susceptible de nuire à votre santé.

Ensuite, nous devons regarder comment l'huile est extraite. Les méthodes d'extraction mécanique et chimique utilisées impliquent généralement une chaleur accrue ainsi que des produits chimiques puissants pour extraire l'huile de la pulpe d'avocat en purée. L'inconvénient est que la chaleur et les produits chimiques peuvent réduire les nutriments et les vitamines bénéfiques présents dans l'huile. Pour remédier à cela, le pressage à froid, qui est connu comme la méthode la moins destructrice, garantit que la couleur, l'odeur et le goût sont aussi proches que possible du fruit d'origine. Vous obtenez une huile de meilleure qualité et, en plus de cela, vous consommez plus de nutriments.

Le dernier élément que nous devons examiner est la manière dont l'huile est raffinée ou non. Sérieusement, pour obtenir de meilleurs résultats, l'huile pressée à froid qui n'est pas raffinée et obtenue à partir d'avocats certifiés biologiques serait l'une des catégories supérieures, sinon la meilleure. L'inconvénient est que la durée de conservation est courte et que l'huile sent très... l'avocat. Cela ne devrait pas poser de problème si vous l'utilisez souvent, et vous devriez le faire compte tenu des avantages pour la santé et de la commodité que cela apporte. La deuxième meilleure chose à faire serait de raffiner naturellement l'huile, où les fabricants filtrent et filtrent généralement afin de prolonger la durée de conservation. Rappelez-vous toujours que plus l'huile est raffinée, moins elle apportera de nutrition.

Avant d'oublier, choisissez toujours des huiles dans des bouteilles ou des pots en verre de couleur foncée. C'est un peu semblable à l'huile d'olive extra vierge où l'huile peut rancir en présence de chaleur et de lumière. Pour l'huile d'avocat, bien que la majorité des matières grasses présentes soient constituées de la variété mono-insaturée, il existe encore un pourcentage mineur de matières grasses polyinsaturées. Par conséquent, il vaut mieux être prudent et opter pour des bouteilles en verre de couleur foncée.

Ghee : Cette substance existe depuis l'époque ayurvédique et a toujours été désignée comme moyen de cuisson de choix. Le ghee est un beurre clarifié, c'est-à-dire un beurre qui a été chauffé et ne contient ni lactose ni autres solides du lait. Cela se traduit également par un point de fumée plus élevé par rapport au beurre. Cela peut aller jusqu'à 250 °C, ce qui signifie que vous pouvez vraiment faire frire ou rôtir sans risque d'oxydation qui libère des radicaux libres nocifs.

L'élimination du lactose est une bonne nouvelle pour les personnes intolérantes au lactose, mais qui souhaitent tout de même profiter du goût de noisette et du goût riche qui accompagne le beurre. Le ghee peut être une excellente alternative, et le goût pourrait même être plus savoureux. Composé de multiples vitamines liposolubles, il contient également des acides gras à chaîne courte qui améliorent la santé cardio-vasculaire et aident à lutter contre l'inflammation. Ghee a également le net avantage de pouvoir durer environ trois à quatre semaines à la température ambiante, tandis qu'il peut se conserver jusqu'à six mois lorsqu'il est réfrigéré.

Le ghee peut certainement être trouvé dans la plupart des épiceries. Vérifiez-le dans la section huile, bien que certains endroits l'aient dans la ration laitière. Comme avec le beurre, vous pouvez toujours essayer d'abord d'utiliser des variétés nourries à l'herbe pour améliorer l'apport en nutriments et réduire les risques de mélange d'additifs ou de produits chimiques potentiels. Pour moi, je préfère généralement le ghee emballé dans des pots ou des pots en verre.

Lard : Le saindoux est le gras des porcs. Une fois vilipendé avec toutes les autres sources d'aliments riches en graisses saturées, le saindoux connaît un retour bien justifié ! Chaque tranche de 100 grammes de saindoux vous donne environ 30 grammes de graisses saturées, les graisses polyinsaturées représentant 10 grammes et la variété mono-insaturée donnant environ 40 grammes. Non, il n'y a pas d'erreur. Vous le lisez correctement. Le saindoux contient en réalité plus de gras mono-insaturés que de contenu en gras saturés. Il n'est pas étonnant que les gens des générations précédentes sachent vraiment du lard et l'utilisent pratiquement pour la plupart des activités de cuisine.

Maintenant que nous, les peuples modernes, revenons au saindoux une fois de plus, il s'est avéré qu'il s'agissait d'une des sources les plus riches d'aliments contenant de la vitamine D. Vous n'avez pas besoin de toute votre vitamine D du soleil ou du poisson, le saindoux est aussi une alternative savoureuse ! En plus de cela, le saindoux est également bon pour la cuisson à haute température en raison de son point de fumée plus élevé qui se situe autour de 190 °C. Il y a également moins de chance de rancidité ou de production de radicaux libres en raison de la présence de graisses saturées, ce qui confère au saindoux cette couche supplémentaire de stabilité des graisses. Ai-je déjà mentionné que le saindoux a bon goût aussi ? C'est un point qui mérite d'être répété, car il y a juste quelque chose à propos de la graisse animale qui donne aux aliments une texture vraiment riche et savoureuse.

Malheureusement, le saindoux vendu dans les supermarchés et la plupart des magasins n'est pas très bon, car ils ont probablement subi une forme d'hydrogénation afin de prolonger leur durée de vie. Prolonger la durée de conservation du saindoux des supermarchés est à notre charge si nous décidons de l'ajouter à nos repas. Vous devriez vraiment chercher à obtenir du saindoux de haute qualité chez votre boucher ou votre épicier. Le bon saindoux, également connu sous le nom de saindoux feuilles, est dérivé de la graisse viscérale autour des reins et de la région de la longe du porc. Si cela est épuisé, vous pouvez opter pour la meilleure solution de rechange, un saindoux légèrement plus solide issu de la peau entre le dos et les muscles. Le saindoux non traité ou non raffiné doit toujours être réfrigéré pour conserver sa fraîcheur.

Poivrons : Ces légumes colorés non seulement ajoutent de la couleur et une croûte croustillante à nos repas quotidiens, mais ils apportent également un punch sain au service des nutriments. Riche en vitamines A et C, en plus de nous fournir du folate et de la vitamine K, les poivrons aident à renforcer notre système immunitaire et à maintenir la santé des tissus. Le lycopène, un antioxydant, est une sorte de caroténoïde qui donne sa couleur aux poivrons. Il contribue également à réduire l'inflammation et sert de piégeur actif aux radicaux libres. Il est également extrêmement polyvalent et convient parfaitement aux crudités ou légèrement griller. Plus de bonnes nouvelles ? Le nombre de glucides pour 100 grammes de poivrons équivaut à 5 grammes, dont 2 grammes de fibres alimentaires. Nous aborderons plus en détail le sujet des fibres alimentaires et son impact sur le nombre de glucides, mais pour l'instant, sachez que les poivrons ont un nombre de glucides extrêmement bas pour tous les bienfaits nutritifs qu'il contient.

Le truc pour choisir un poivron que vous voudriez avoir sur votre table est facile - vraiment. Optez pour ceux avec des couleurs vives et éclatantes. Ceux avec des couleurs plus claires peuvent indiquer qu'ils ne sont pas encore mûrs. Tous ceux qui présentent des ecchymoses et une décoloration doivent être mis de côté et remplacés par ceux qui ont un éclat brillant. Pressez doucement le légume pour sentir l'étanchéité de la peau. Une dernière chose à noter est qu'un poivron mûr se sentira plus lourd qu'il n'y paraît. En effet, il n'a pas subi de perte d'humidité associée à une maturité excessive. Les poivrons peuvent être conservés au réfrigérateur pendant 10 jours au maximum. Assurez-vous de les insérer dans la glacière une fois que vous les avez ramenés de votre course.

La liste ci-dessus est destinée à vous aider dans la sélection physique de ces aliments. Je suis presque certaine que vous voudriez conserver des aliments frais et de qualité dans votre cuisine et j'espère que cette section vous aurait aidé à le faire de manière cohérente.

Troisième Partie : Plan de repas céto de 28 jours

Dans cette partie, je vous ai préparé un plan de repas de 28 jours pour un régime cétogène standard, divisé en quatre semaines. Commençant par des recettes faciles permettant à quiconque de s'habituer au mode de vie céto, il évolue de variété au fil des semaines pour que vous ne vous ennuyiez pas de prendre encore et encore les mêmes repas.

Gardez à l'esprit la plage de calories pour ces plans de repas, si vous tentez le régime cétogène pour la première fois, il peut être plus simple de suivre le programme tel quel jusqu'à ce que vous maîtrisiez bien le régime.

La première semaine de ce programme est conçue pour être trop simple en termes de préparation des repas. Vous pouvez ainsi vous concentrer sur le choix des aliments à consommer et des aliments à éviter avec le régime cétogène — c'est pourquoi vous trouverez plus de smoothies et de soupes que dans les semaines suivantes. Si vous avez terminé la première semaine et que vous avez encore besoin de temps pour vous adapter au céto, n'hésitez pas à le répéter avant de passer à la deuxième semaine.

Alors, sans plus tarder, examinons les plans de repas !

Première semaine

Plan de repas céto standard — Semaine 1				
Jour	Petit-déjeuner	Déjeuner	Dîner	Snack/Dessert	Calories/Macros
1	Œufs en plaques avec légumes et parmesan avec jambon en tranches	Salade d'avocat et de concombre au bacon	Saumon au pesto grillé et asperges avec 2 tranches de bacon	Amandes épicées à la citrouille et 2 bombes de gras à la noix de coco	Calories : 1940 Graisse : 144,5 g Protéine : 113 g Glucides : 21,5 g
2	Smoothie à l'avocat avec 3 tranches de bacon	Soupe au cheeseburger au bacon	Saumon au pesto grillé et asperges avec 3 tranches de bacon	Trempette tzatziki au chou-fleur et 1 bombe de gras à la coco-chia	Calories : 1845 Graisse : 140,5 g Protéines : 116 g Glucides : 28,5 g
3	Œufs en plaque avec légumes et parmesan et 3 tranches de bacon	Soupe au cheeseburger au bacon	Burgers farcis au cheddar at aux courgettes et un demi-avocat	Amandes épicées à la citrouille et 1 bombe de gras à la coco-chia	Calories : 1875 Graisse : 142,5 g Protéine : 123,5 g Glucides : 22 g
4	Smoothie aux protéines de beurre d'amande avec 1 tasse d'avocat	Sandwich au jambon et au provolone	Poulet Cordon Bleu au Chou-fleur et un demi-avocat	Trempette tzatziki au chou-fleur et 1 bombe de gras à la coco-chia	Calories : 1990 Graisse : 149,5 g Protéine : 118,5 g Glucides : 31 g
5	Œufs en plaque avec légumes et parmesan et 2 tranches de bacon épaisses	Soupe au cheeseburger au bacon	Burgers farcis au cheddar et aux courgettes	Amandes épicées à la citrouille et 2 bombes de gras à coco-chia	Calories : 1880 Graisse : 146 g Protéine : 118,5 g Glucides : 23,5 g

6	Smoothie à la betterave et à la myrtille avec 2 tranches de bacon épaisses	Pépites de poulet au four	Poulet Cordon Bleu au chou-fleur et 1 gros avocat	Trempette tzatziki au chou-fleur et 1 bombe de gras à la coco-chia	Calories : 1915 Graisse : 147 g Protéine : 114 g Glucides : 27,5 g
7	Œufs en plaque avec légumes et parmesan et 3 tranches de bacon épaisses	Salade de tacos avec vinaigrette crémeuse	Poulet Cordon Bleu au chou-fleur et un demi-avocat	Amandes épicées à la citrouille et 1 bombe de gras à la coco-chia	Calories : 1980 Graisse : 152,5 g Protéine : 122,5 g Glucides : 24,5 g

Deuxième semaine

Jour	Petit-déjeuner	Déjeuner	Dîner	Snack/Dessert	Calories/Macros
		Plan de repas céto standard — Semaine 2			
8	Muffins au beurre d'amande avec jambon en tranches	Salade aux œufs sur laitue avec 2 tranches de bacon épaisses	Thon en croûte de sésame avec haricots verts	Noix de macadamia rôties au curry et 2 bombes de gras au sésame et aux amandes	Calories : 1940 Graisse : 155 g Protéine : 112,5 g Glucides : 21
9	Omelette occidentale	Soupe aux œufs battus avec 3 tranches de bacon épaisses	Thon en croûte de sésame avec haricots verts et un demi-avocat	Pudding de chia à la noix de coco et 1 bombe de gras au sésame et aux amandes	Calories : 1970 Graisse : 152,5 g Protéine : 118 g Glucides : 24,5 g
10	Muffins au beurre d'amande avec jambon en tranches	Soupe aux œufs battus avec 3 tranches de bacon épaisses	Porc rôti au romarin avec chou-fleur et 1 gros avocat	Noix de macadamia rôties au curry et 1 bombe de gras au sésame et aux amandes	Calories : 1905 Graisse : 148,5 g Protéines : 17 g Glucides : 16 g
11	Crêpes protéinées à la cannelle	Sandwich à l'avocat, bacon, laitue et tomate avec jambon en tranches	Tikka au poulet avec riz de chou-fleur	Pudding de chia à la noix de coco et 1 bombe de gras au sésame et aux amandes	Calories : 1990 Graisse : 158,5 g Protéine : 114 g Glucides : 20,5 g
12	Muffins au beurre d'amande avec jambon en tranches	Soupe aux œufs battus avec 3 tranches de bacon épaisses	Porc rôti au romarin avec chou-fleur et 1 gros avocat	Noix de macadamia rôties au curry et 1 bombe de gras au sésame et aux amandes	Calories : 1905 Graisse : 148,5 g Protéines : 117 g Glucides : 16 g

13	Crêpes protéinées à la cannelle	Galettes de saumon frites	Porc rôti au romarin avec chou-fleur et tranches de jambon	Pudding de chia à la noix de coco et 1 bombe de gras au sésame et aux amandes	Calories : 1925 Graisse : 148,5 g Protéine : 118 g Glucides : 20,5 g
14	Muffins au beurre d'amande avec jambon en tranches	Salade printanière au parmesan et 3 tranches de bacon épaisses	Tikka au poulet avec riz de chou-fleur	Noix de macadamia rôties au curry et 1 bombe de gras au sésame et aux amandes	Calories : 1920 Graisse : 152 g Protéine : 118,5 g Glucides : 17,5 g

Troisième semaine

		Plan de repas céto standard — Semaine 3			
Jour	**Petit-déjeuner**	**Déjeuner**	**Dîner**	**Snack/Dessert**	**Calories/Macros**
15	Œufs en plaque au jambon et jambon en tranches	Salade d'avocat au poulet et sésame	Saumon grillé aux courgettes	Brownies au chocolat et beurre d'amande et 2 bombes de gras au chocolat et aux amandes	Calories : 1825 Graisse : 144 g Protéine : 114 g Glucides : 17,5 g
16	Smoothie vert détoxifiant avec 4 tranches de bacon épaisses	Soupe de chou-fleur aux épinards avec 4 tranches de bacon épaisses	Saumon grillé aux courgettes	Bouchées cheeseburger au bacon et 1 bombe de gras au chocolat et aux amandes	Calories : 1850 Graisse : 139,5 g Protéine : 125,5 g Glucides : 25 g
17	Œufs en plaque au jambon et 4 tranches de bacon épaisses	Soupe de chou-fleur aux épinards avec un avocat moyen	Rôti de bœuf aux haricots verts	Brownies au chocolat et beurre d'amande avec une couche de graisse au chocolat	Calories : 1940 Graisse : 150 g Protéine : 117,5 g Glucides : 21 g
18	Smoothie à la citrouille et aux noix avec un gros avocat	Sandwich au poulet et au fromage	Sauté de bœuf au brocoli avec un demi-avocat	Bouchées cheeseburger au bacon et 1 bombe de gras au chocolat et aux amandes	Calories : 1935 Graisse : 139,5 g Protéine : 130 g Glucides : 24,5 g

19	Œufs en plaque au jambon et un avocat moyen	Soupe de chou-fleur aux épinards avec 3 tranches de bacon épaisses	Rôti de bœuf aux haricots verts	Brownies au chocolat et beurre d'amande avec 1 couche de graisse au chocolat	Calories : 1840 Graisse : 142 g Protéine : 111,5 g Glucides : 20,5 g
20	Smoothie Chai à la vanille avec 1 gros avocat	Poulet à la noix de coco avec 1 gros avocat	Rôti de bœuf aux haricots verts	Bouchées cheeseburger au bacon et 1 bombe de gras au chocolat et aux amandes	Calories : 2005 Graisse : 139 g Protéine : 147 g Glucides : 16 g
21	Œufs en plaque au jambon	Salade d'épinards à l'avocat et aux amandes avec 3 tranches de bacon épaisses	Sauté de bœuf au brocoli	Brownies au chocolat et beurre d'amande avec 1 couche de graisse au chocolat	Calories : 1840 Graisse : 141,5 g Protéine : 118,5 g Glucides : 16,5 g

Quatrième semaine

Plan de repas céto standard — Semaine 4				
Jour	Petit-déjeuner	Déjeuner	Dîner	Snack/Dessert	Calories/Macros
22	Muffins aux œufs, tomates et mozzarella avec jambon en tranches	Salade hachée	Saumon au pesto grillé et asperges avec 1 avocat moyen	Petits gâteaux à la farine d'amandes avec 1 bombe de gras à la coco-chia	Calories : 1980 Graisse : 150 g Protéines : 116 g Glucides : 21 g
23	Gaufres croustillantes au chai avec jambon en tranches	Soupe de poireaux au chou-fleur et à la pancetta avec 3 tranches de bacon épaisses	Saumon au pesto grillé et asperges avec 1 gros avocat	Pain rapide à la cannelle avec 1 bombe de gras à la coco-chia	Calories : 1985 Graisse : 148 g Protéine : 119,5 g Glucides : 23 g
24	Muffins aux œufs, tomates et mozzarella avec jambon en tranches	Soupe de poireaux au chou-fleur et à la pancetta avec 3 tranches de bacon épaisses	Casserole de bœuf et de bacon	Petits gâteaux à la farine d'amandes avec 2 bombes de gras à la coco-chia	Calories : 1980 Graisse : 150 g Protéines : 117 g Glucides : 23 g
25	Gaufres croustillantes au chai avec jambon en tranches	Sandwich aux trois viandes et au fromage	Ailes de poulet au sésame avec chou-fleur avec un demi-avocat	Pain rapide à la cannelle avec 1 bombe de gras à la coco-chia	Calories : 1930 Graisse : 147 g Protéine : 114 g Glucides : 16,5 g

26	Muffins aux œufs, tomates et mozzarella avec jambon en tranches	Soupe de poireaux au chou-fleur et à la pancetta avec 4 tranches de bacon épaisses	Casserole de bœuf et de bacon avec 1 gros avocat	Petits gâteaux à la farine d'amandes avec 1 bombe de gras à la coco-chia	Calories : 1950 Graisse : 143,5 g Protéines : 122 g Glucides : 22 g
27	Brocoli, œuf et chou brouillon avec 2 tranches de bacon	Brochettes de bœuf au poivron	Casserole de bœuf et de bacon avec 1 gros avocat	Pain rapide à la cannelle avec 1 bombe de gras à la coco-chia	Calories : 1965 Graisse : 148 g Protéine : 115,5 g Glucides : 27 g
28	Muffins aux œufs, tomates et mozzarella avec jambon en tranches	Salade de thon sur laitue	Ailes de poulet au sésame avec chou-fleur et un demi-avocat	Petits gâteaux à la farine d'amandes avec 1 bombe de gras à la coco-chia	Calories : 1960 Graisse : 148 g Protéine : 123,5 g Glucides : 20 g

Quatrième Partie : Recettes Cétogènes

Sauces et vinaigrettes

Mayonnaise

Temps de préparation : **5 minutes**

Ingrédients

- 2 gros jaunes d'œufs
- 2 cuillères de jus de citron
- 230 ml d'huile de noix de macadamia ou d'huile d'avocat
- 1 cuillère de moutarde de Dijon
- ½ cuillère de sel

Préparation

Placez les ingrédients dans l'ordre indiqué dans un large bocal. Placez un mélangeur à immersion au fond du pot. Allumez le mélangeur et déplacez-le très lentement vers le haut du pot. Cela devrait vous prendre environ une minute pour atteindre le sommet. Déplacez le mélangeur lentement est la clé pour obtenir la mayonnaise à émulsionner.

Conservez la mayonnaise dans un bocal au réfrigérateur pendant 5 jours maximum.

Valeurs nutritionnelles par portion

92 calories

10 g de matière grasse

0,3 g de protéines

0,1 g de glucides

0 g de fibres

Mayonnaise sans œufs

Temps de préparation : **5 minutes**

Ingrédients

- 3 cuillères de jus de citron
- 2 cuillères de vinaigre de noix de coco ou de vinaigre de cidre
- 1 cuillerée à soupe d'édulcorant de style pâtissier
- 1½ cuillère de moutarde de Dijon
- 1 grande cuillère de sel
- 120 ml d'huile d'olive
- 120 ml d'huile de coco, ramollie, mais non fondue

Préparation

Placez le jus de citron, le vinaigre, l'édulcorant, la moutarde et le sel dans un mélangeur ou un robot culinaire et mélangez pour bien mélanger.

Tournez le mélangeur à basse vitesse et versez d'abord goutte à goutte dans l'huile d'olive ; une fois que 60 ml d'huile a été incorporé, vous pouvez augmenter le taux de la bruine. Ajoutez l'huile de noix de coco ramollie au mélangeur et réduisez en purée jusqu'à ce que le tout soit mélangé. Placez dans un pot à couvercle.

Conservez la mayonnaise dans un récipient hermétique au réfrigérateur jusqu'à une semaine.

Valeurs nutritionnelles par portion

228 calories

25 g de matière grasse

0,1 g de protéines

0,2 g de glucides

0 g de fibres

Sauce aux steaks

Temps de préparation : **3 minutes**

Ingrédients

- 1 tasse de sauce tomate
- 2 à 3 cuillères à soupe d'édulcorant de style pâtissier
- 2 cuillères de moutarde jaune préparée
- 1½ cuillère de vinaigre de cidre
- 1½ cuillère à café de tamari sans blé, ou 2 cuillères à soupe d'aminos de noix de coco
- ¼ de cuillère de sauce au poisson (facultatif)
- 2 gouttes de sauce Tabasco
- 1 grande cuillère de sel
- ¼ de cuillère de poivre noir moulu

Préparation

Placez tous les ingrédients dans un petit bol et bien mélangez. Goûtez et ajustez l'assaisonnement et la douceur à votre goût.

Conservez la sauce dans un récipient hermétique au réfrigérateur pendant une semaine maximum.

Valeurs nutritionnelles par portion

11 calories

0,2 g de matière grasse

0,2 g de protéines

2 g de glucides

1 g de fibres

Sauce de retour

Temps de préparation : **4 minutes**

Ingrédients

- 220 g de mayonnaise, faite maison
- 60 g de sauce tomate
- 30 g d'édulcorant de style pâtissier
- 1 cuillère de jus de citron
- 1 cuillère à café de sauce RedHot
- ½ cuillère à café de tamari sans blé ou 2 cuillères à café de noix de coco
- 1 cuillère à café de paprika fumé
- ½ cuillère de sel
- ½ cuillère de poudre de chili
- ½ cuillère à café de poudre d'ail
- ½ cuillère à café de poudre d'oignon
- ¼ de cuillère de piment de la Jamaïque
- ¼ de cuillère de poivre noir moulu

Préparation

Placez tous les ingrédients dans un petit bol et remuez jusqu'à ce que tout soit bien mélangé.

Conservez la sauce dans un récipient hermétique au réfrigérateur jusqu'à 5 jours.

Valeurs nutritionnelles par portion

124 calories

13 g de matière grasse

0,1 g de protéines

1 g de glucides

0,3 g de fibres

Sauce crémeuse

Temps de préparation : **3 minutes**

Ingrédients

- 110 g de mayonnaise, fait maison
- 2 cuillères de jus de citron vert
- 1 cuillère à soupe de paprika
- 1 gousse d'ail écrasée en une pâte
- Sel, au goût

Préparation

Placez tous les ingrédients dans un petit bol et mélangez bien. Goûtez et ajustez l'assaisonnement à votre goût.

Conservez la sauce dans un récipient hermétique au réfrigérateur jusqu'à 5 jours.

Valeurs nutritionnelles par portion

138 calories

15 g de matière grasse

0,1 g de protéines

1 g de glucides

0 g de fibres

Sauce tartare

Temps de préparation : **5 minutes**

Ingrédients

- 220 g de mayonnaise, faite maison
- ¼ tasse de cornichons à l'aneth en dés
- ¼ tasse de jus de cornichon à l'aneth
- 2 cuillères à soupe d'édulcorant de style pâtissier (facultatif)
- 1 pincée de sel

Préparation

Placez tous les ingrédients dans un petit bol et mélangez bien. Goûtez et ajustez la douceur et le sel à votre goût.

Conservez la sauce dans un récipient hermétique au réfrigérateur jusqu'à 5 jours.

Valeurs nutritionnelles par portion

180 calories

20 g de matière grasse

0 g de protéines

0 g de glucides

0 g de fibres

Sauce béarnaise

Temps de préparation : **5 minutes**

Ingrédients

- 60 ml d'huile de noix de coco au lard ou au beurre
- 2 cuillères à soupe de feuilles d'estragon fraîches hachées
- 1 échalote, émincée
- 2 cuillères de vinaigre de noix de coco
- 6 gros jaunes d'œufs
- Sel

Préparation

Faites fondre le saindoux dans une casserole de taille moyenne à feu moyen. Ajouter l'estragon, l'échalote et le vinaigre et laisser mijoter 15 minutes. Retirez la casserole du feu et laissez le mélange refroidir un peu.

Placez les jaunes d'œufs dans un mélangeur et mettez-le à basse vitesse. Versez lentement le mélange de saindoux chaud (pas chaud) en un flux très lent et régulier pendant que le mélangeur est en marche. Si vous l'ajoutez trop vite, la sauce se cassera. Goûtez la sauce et salez à votre goût. Mettez de côté à l'arrière du poêle ou dans un autre endroit chaud pour le garder au chaud jusqu'au moment de le servir.

Conservez la sauce dans un récipient hermétique au réfrigérateur jusqu'à 3 jours. Réchauffez doucement au bain-marie pour que la sauce ne se sépare pas.

Valeurs nutritionnelles par portion

152 calories

14 g de matière grasse

4 g de protéines

2 g de glucides

0,1 g de fibres

Sauce romesco

Temps de préparation : **5 minutes**

Ingrédients

- ½ bocal de poivrons rouges rôtis, égouttés
- 110 g de pâte à tartiner
- 2 cuillères à soupe de feuilles de basilic frais hachées
- 2 gousses d'ail hachées
- ½ cuillère de sel

Préparation

Placez tous les ingrédients dans un mélangeur ou un robot culinaire et mélangez jusqu'à consistance lisse. Ajustez l'assaisonnement à votre goût.

Conservez la sauce dans un récipient hermétique au réfrigérateur jusqu'à 5 jours.

Valeurs nutritionnelles par portion

70 calories

5 g de matière grasse

1 g de protéines

3 g de glucides

1 g de fibres

Vinaigrette ranch crémeuse

Temps de préparation : **5 minutes**

Ingrédients

- 220 g de mayonnaise, faite maison
- 120 ml de bouillon de poulet ou de bœuf fait maison
- ½ cuillère à café de ciboulette séchée
- ½ cuillère à café d'aneth séché
- ½ cuillère à café de persil séché
- ¼ cuillère à café de poudre d'ail
- ¼ cuillère de poudre d'oignon
- ⅛ cuillère de sel
- ⅛ cuillère de poivre noir moulu

Préparation

Placez tous les ingrédients dans un mélangeur ou un grand bol et mélangez par pulsations. Couvrez la vinaigrette et laissez-la refroidir 2 heures avant de servir.

Conservez la vinaigrette dans un récipient hermétique au réfrigérateur jusqu'à 2 semaines.

Valeurs nutritionnelles par portion

66 calories

7 g de matière grasse

0,2 g de protéines

0,1 g de glucides

0 g de fibres

Vinaigrette grecque

Temps de préparation : **4 minutes**

Ingrédients

- 120 ml d'huile d'avocat ou d'huile d'olive
- 5 cuillères de vinaigre de vin rouge ou de vinaigre de cidre
- 2 cuillères à soupe de citron vert ou de jus de citron
- 2 cuillères à café d'ail haché
- 2 cuillères de moutarde de Dijon
- ½ cuillère à café de feuilles de basilic séchées
- ½ cuillère à café de feuilles d'origan séchées
- ¼ cuillère de sel

Préparation

Placez tous les ingrédients dans un mélangeur et réduisez en purée.

Conservez la vinaigrette dans un récipient hermétique au réfrigérateur jusqu'à 2 semaines.

Valeurs nutritionnelles par portion

126 calories

14 g de matière grasse

0 g de protéines

1 g de glucides

0 g de fibres

Petit-déjeuner : Smoothie, Muffins, Crêpes, Omelettes

Thé vert glacé au lait

Temps de préparation : **3 minutes***, rendement :* **1 portion**

Ingrédients

- 120 ml d'eau chaude (non bouillante)
- 1 cuillère à soupe de poudre de matcha
- 250 ml de lait de cajou froid non sucré
- 5 gouttes de stévia liquide à la vanille
- Des glaçons

Préparation

Placez l'eau chaude et la poudre de matcha dans un mélangeur et battez jusqu'à consistance lisse. Ajoutez le lait et la stévia et mélangez bien. Versez dans un verre sur la glace. Cette latte est mieux servie fraîche.

Valeurs nutritionnelles par portion

38 calories

1 g de matière grasse

1 g de protéines

7 g de glucides

0 g de fibres

Œufs en plaques avec légumes et parmesan

Temps de préparation : **3 minutes**, *temps de cuisson :* **15 minutes**, *rendement :* **6 portions**

Ingrédients

- 12 gros œufs battus
- Sel et poivre
- 1 petit poivron rouge, coupé en dés
- 1 petit oignon jaune, haché
- 110 g de champignons en dés
- 1 tasse de courgettes en dés
- 100 g de parmesan fraîchement râpé

Préparation

Préchauffez le four à 180 °C et graissez une plaque à pâtisserie à rebords avec un aérosol de cuisson.

Fouettez les œufs dans un bol avec le sel et le poivre jusqu'à l'obtention d'un mélange mousseux.

Incorporez les poivrons, les oignons, les champignons et les courgettes jusqu'à ce qu'ils soient bien mélangés.

Versez le mélange dans la plaque à pâtisserie et étendez-le en une couche uniforme.

Saupoudrez de parmesan et faites cuire au four 12 à 15 minutes jusqu'à ce que l'œuf soit bien pris.

Laissez refroidir légèrement, puis coupez en carrés pour servir.

Valeurs nutritionnelles par portion

215 calories

14 g de matière grasse

18,5 g de protéines

5 g de glucides

1 g de fibres

Smoothie à l'avocat

Temps de préparation : **5 minutes**, *rendement* : **1 portion**

Ingrédients

- 120 g de chou frisé haché frais
- ½ tasse d'avocat haché
- 180 ml de lait d'amande non sucré
- 60 g de yogourt entier, nature
- 3 à 4 glaçons
- 1 cuillère de jus de citron frais

Préparation

Mélangez le chou frisé, l'avocat et le lait d'amande dans un mélangeur.

Pulsez les ingrédients plusieurs fois.

Ajoutez le reste des ingrédients et mélangez jusqu'à consistance lisse.

Versez dans un grand verre et savourez immédiatement.

Valeurs nutritionnelles par portion

250 calories

19 g de matière grasse

6 g de protéines

11 g de glucides

6,5 g de fibres

Smoothie aux protéines de beurre d'amande

Temps de préparation : **5 minutes***, rendement :* ***1 portion***

Ingrédients

- 230 ml de lait d'amande non sucré
- 120 g de yogourt gras, nature
- ¼ tasse de poudre de protéine de blanc d'œuf
- 1 cuillère à soupe de beurre d'amande
- 1 pincée de cannelle moulue

Préparation

Combinez le lait d'amande et le yogourt dans un mélangeur.

Pulsez les ingrédients plusieurs fois.

Ajoutez le reste des ingrédients et mélangez jusqu'à consistance lisse.

Versez dans un grand verre et savourez immédiatement.

Valeurs nutritionnelles par portion

315 calories

16,5 g de matière grasse

31,5 g de protéines

9,5 g de glucides

2,5 g de fibres

Smoothie à la betterave et à la myrtille

Temps de préparation : **5 minutes**, *rendement :* ***1 portion***

Ingrédients

- 230 ml de lait de coco non sucré
- 60 g de crème épaisse
- ¼ tasse de bleuets congelés
- 1 petite betterave pelée et hachée
- 1 cuillère de graines de chia

Préparation

Combinez les bleuets, les betteraves et le lait de coco dans un mélangeur.

Pulsez les ingrédients plusieurs fois.

Ajoutez le reste des ingrédients et mélangez jusqu'à consistance lisse.

Versez dans un grand verre et savourez immédiatement.

Valeurs nutritionnelles par portion

215 calories

17 g de matière grasse

2,5 g de protéines

10 g de glucides

5 g de fibres

Muffins au beurre d'amande

Temps de préparation : **10 minutes**, *temps de cuisson* : ***25 minutes***, *rendement* : ***12 portions***

Ingrédients

- 120 g de farine d'amande
- 1 tasse d'érythritol en poudre
- 2 cuillères à café de levure
- ¼ cuillère de sel
- 160 g de beurre d'amande, réchauffé
- 180 ml de lait d'amande non sucré
- 4 gros œufs

Préparation

Préchauffez le four à 180 °C et recouvrez un moule à muffins de doublures en papier.

Fouettez la farine d'amande avec l'érythritol, la poudre à pâte et le sel dans un bol à mélanger.

Dans un autre bol, mélangez le lait d'amande, le beurre d'amande et les œufs.

Incorporez les ingrédients humides dans le sec jusqu'à ce que juste combiné.

Versez la pâte dans le moule préparé et faites cuire au four pendant 22 à 25 minutes, jusqu'à ce qu'un couteau inséré au centre en ressorte propre.

Laissez refroidir les muffins dans le moule pendant 5 minutes, puis les démouler sur une grille de refroidissement en fil métallique.

Valeurs nutritionnelles par portion

135 calories

11 g de matière grasse

6 g de protéines

2 g de glucides

2 g de fibres

Omelette occidentale

Temps de préparation : **5 minutes**, *temps de cuisson* : ***10 minutes***, *rendement* : ***1 portion***

Ingrédients

- 2 cuillères à café d'huile de coco
- 3 gros œufs battus
- 1 cuillère à soupe de crème épaisse
- Sel et poivre
- ¼ tasse de poivron vert en dés
- 70 g d'oignon jaune coupé en dés
- ¼ tasse de jambon en dés

Préparation

Battez ensemble les œufs, la crème épaisse, le sel et le poivre dans un petit bol.

Faites chauffer 1 cuillère d'huile de noix de coco dans une petite poêle à feu moyen.

Ajoutez les poivrons, les oignons et le jambon, puis faites sauter pendant 3 à 4 minutes.

Versez le mélange dans un bol et réchauffez la poêle avec le reste de l'huile.

Versez les œufs battus et laissez cuire jusqu'à ce que le fond de l'œuf commence à prendre.

Inclinez la casserole pour étendre l'œuf et faites cuire jusqu'à ce qu'elle soit presque ferme.

Déposez le mélange de légumes et de jambon sur la moitié de l'omelette et la replier.

Laissez l'omelette cuire jusqu'à ce que les œufs soient pris, puis servez chaud.

Valeurs nutritionnelles par portion

415 calories

32,5 g de matière grasse

25 g de protéines

5 g de glucides

1,5 g de fibres

Crêpes protéinées à la cannelle

Temps de préparation : **5 minutes***, temps de cuisson :* **15 minutes***, rendement :* **4 portions**

Ingrédients

- 230 ml de lait de coco
- 60 ml d'huile de noix de coco
- 8 gros œufs
- 2 cuillères (40 g) de poudre de protéine de blanc d'œuf
- 1 cuillère d'extrait de vanille
- ½ cuillère de cannelle moulue
- 1 pincée de noix de muscade moulue

Préparation

Combinez le lait de coco, l'huile de noix de coco et les œufs dans un robot culinaire.

Pulsez le mélange plusieurs fois, puis ajoutez le reste des ingrédients.

Mélangez jusqu'à obtenir un mélange lisse et homogène.

Faites chauffer une poêle antiadhésive à feu moyen.

Versez dans la pâte, en utilisant environ ¼ tasse par crêpe.

Faites cuire jusqu'à ce que des bulles se forment à la surface de la pâte, puis retournez-les doucement.

Laissez cuire la crêpe jusqu'à ce que le dessous soit bruni.

Transférez dans une assiette pour garder au chaud et répétez avec le reste de la pâte.

Valeurs nutritionnelles par portion

440 calories

38 g de matière grasse

22 g de protéines

4 g de glucides

1,5 g de fibres

Œufs en plaque au jambon

Temps de préparation : **5 minutes**, *temps de cuisson :* ***15 minutes****, rendement :* ***6 portions***

Ingrédients

- 12 gros œufs battus
- Sel et poivre
- 2 tasses de jambon en dés
- 80 g de fromage râpé au poivre

Préparation

Préchauffez le four à 180 °C et graissez une plaque à pâtisserie à rebords avec un aérosol de cuisson.

Fouettez les œufs dans un bol avec le sel et le poivre jusqu'à l'obtention d'un mélange mousseux.

Incorporez le jambon et le fromage jusqu'à ce que le tout soit bien mélangé.

Versez le mélange dans la plaque à pâtisserie et étendez-le en une couche uniforme.

Faites cuire au four pendant 12 à 15 minutes jusqu'à ce que l'œuf soit cuit.

Laissez refroidir légèrement puis coupez en carrés pour servir.

Valeurs nutritionnelles par portion

235 calories

15 g de matière grasse

21 g de protéines

2 g de glucides

0,5 g de fibres

Smoothie vert détoxifiant

Temps de préparation : **5 minutes**, *rendement* : ***1 portion***

Ingrédients

- 120 g de chou frisé haché frais
- 60 g d'épinards frais
- ¼ tasse de céleri en tranches
- 230 ml d'eau
- 3 à 4 glaçons
- 2 cuillères de jus de citron frais
- 1 cuillère de jus de citron vert frais
- 1 cuillère d'huile de noix de coco

Préparation

Combinez le chou frisé, les épinards et le céleri dans un mélangeur.

Pulsez les ingrédients plusieurs fois.

Ajoutez le reste des ingrédients et mélangez jusqu'à consistance lisse.

Versez dans un grand verre et savourez immédiatement.

Valeurs nutritionnelles par portion

160 calories

14 g de matière grasse

2,5 g de protéines

6 g de glucides

2 g de fibres

Smoothie à la citrouille et aux noix

Temps de préparation : **5 minutes***, rendement :* ***1 portion***

Ingrédients

- 230 ml de lait de cajou non sucré
- 75 g de purée de citrouille
- 60 g de crème épaisse
- 1 cuillère à soupe d'amandes crues
- ¼ cuillère à café d'épices à tarte à la citrouille

Préparation

Combinez tous les ingrédients dans un mélangeur.

Pulsez les ingrédients plusieurs fois, puis mélangez jusqu'à l'obtention d'une consistance lisse.

Versez dans un grand verre et savourez immédiatement.

Valeurs nutritionnelles par portion

205 calories

16,5 g de matière grasse

3 g de protéines

8,5 g de glucides

4,5 g de fibres

Muffins aux œufs, tomates et mozzarella

Temps de préparation : **5 minutes**, *temps de cuisson :* **25 minutes**, *rendement :* **12 portions**

Ingrédients

- 1 cuillère à soupe de beurre
- 1 tomate moyenne, coupée en dés
- 150 g d'oignon jaune coupé en dés
- 12 gros œufs battus
- 120 ml de lait de coco
- 150 g d'oignon vert tranché
- Sel et poivre
- 80 g de fromage mozzarella râpé

Préparation

Préchauffez le four à 180 °C et graissez un moule à muffins avec un aérosol de cuisson.

Faites fondre le beurre dans une poêle moyenne à feu moyen.

Ajoutez la tomate et les oignons, puis cuire pendant 3 à 4 minutes jusqu'à ce qu'ils soient ramollis.

Répartissez le mélange dans les moules à muffins.

Fouettez ensemble les œufs, le lait de coco, les oignons verts, le sel et le poivre, puis versez dans les moules à muffins.

Saupoudrez de fromage puis faites cuire pendant 20 à 25 minutes jusqu'à ce que l'œuf soit pris.

Valeurs nutritionnelles par portion

135 calories

10,5 g de matière grasse

9 g de protéines

1,5 g de glucides

0,5 g de fibres

Gaufres croustillantes au chai

Temps de préparation : **10 minutes**, *temps de cuisson* : ***20 minutes***, *rendement* : ***4 portions***

Ingrédients

- 4 gros œufs, blancs et jaunes séparés
- 3 cuillères de farine de noix de coco
- 3 cuillères à soupe d'érythritol en poudre
- 1¼ cuillère à café de levure chimique
- 1 cuillère d'extrait de vanille
- ½ cuillère de cannelle moulue
- ¼ cuillère de gingembre moulu
- 1 pincée de cardamome moulue
- 3 cuillères d'huile de noix de coco
- 3 cuillères à soupe de lait d'amande non sucré

Préparation

Séparez les blancs et les jaunes d'œufs dans deux bols différents.

Fouettez les blancs d'œufs jusqu'à formation de pics fermes, puis mettez-les de côté.

Battez les jaunes d'œufs avec la farine de noix de coco, l'érythritol, la levure chimique, la vanille, la cannelle, la cardamome et les clous de girofle dans l'autre bol.

Ajoutez l'huile de coco fondue dans le second bol en fouettant puis incorporez le lait d'amande en fouettant.

Incorporez délicatement les blancs d'œufs jusqu'à ce qu'ils soient bien combinés.

Préchauffez le gaufrier et graissez-le avec un aérosol de cuisson. Versez environ ½ tasse de pâte dans le gaufrier. Faites cuire la gaufre conformément aux instructions du fabricant du gaufrier.

Retirez la gaufre dans une assiette et recommencez avec la pâte restante.

Valeurs nutritionnelles par portion

215 calories

17 g de matière grasse

8 g de protéines

4 g de glucides

4 g de fibres

Brocoli, œuf et chou brouillon

Temps de préparation : **5 minutes**, *temps de cuisson :* **10 minutes**, *rendement :* **1 portion**

Ingrédients

- 2 gros œufs battus
- 1 cuillère à soupe de crème épaisse
- Sel et poivre
- 1 cuillère d'huile de noix de coco
- 120 g de chou frisé haché frais
- 30 g de brocoli congelés, décongelés
- 2 cuillères à soupe de parmesan râpé

Préparation

Fouettez les œufs avec la crème épaisse, le sel et le poivre dans un bol.

Faites chauffer 1 cuillère d'huile de noix de coco dans une poêle moyenne à feu moyen.

Incorporez le chou frisé et le brocoli, puis cuire jusqu'à ce que le chou soit fané, environ 1 à 2 minutes.

Versez les œufs et faites cuire, en remuant de temps en temps, jusqu'à ce qu'ils soient pris.

Incorporez le parmesan et servez chaud.

Valeurs nutritionnelles par portion

315 calories

23 g de matière grasse

19,5 g de protéines

8,5 g de glucides

1,5 g de fibres

Smoothie crémeux aux protéines

Temps de préparation : **5 minutes**, *rendement :* ***1 portion***

Ingrédients

- 230 ml de lait d'amande non sucré
- 120 g de yogourt gras, nature
- ¼ tasse de poudre de protéine de blanc d'œuf au chocolat
- 1 cuillère d'huile de noix de coco
- 1 cuillère de cacao en poudre non sucré

Préparation

Combinez le lait d'amande, le yogourt et la poudre de protéines dans un mélangeur.

Mélangez les ingrédients plusieurs fois, puis ajoutez le reste et mélangez jusqu'à obtenir un mélange lisse.

Versez dans un grand verre et savourez immédiatement.

Valeurs nutritionnelles par portion

345 calories

22 g de matière grasse

29 g de protéines

9 g de glucides

3 g de fibres

Muffins aux trois fromages

Temps de préparation : **5 minutes***, temps de cuisson :* **25 minutes***, rendement :* **12 portions**

Ingrédients

- 1 cuillère à soupe de beurre
- 150 g d'oignon jaune coupé en dés
- 12 gros œufs battus
- 120 ml de lait de coco
- 70 g d'oignon vert tranché
- Sel et poivre
- 40 g de fromage cheddar râpé
- 40 g de fromage suisse râpé
- 20 g de parmesan râpé

Préparation

Préchauffez le four à 180 °C et graissez un moule à muffins avec un aérosol de cuisson.

Faites fondre le beurre dans une poêle moyenne à feu moyen.

Ajoutez les oignons puis cuire pendant 3 à 4 minutes jusqu'à ce qu'ils aient ramolli.

Répartissez le mélange dans les moules à muffins.

Fouettez ensemble les œufs, le lait de coco, les oignons verts, le sel et le poivre, puis versez dans les moules à muffins.

Mélangez les trois fromages dans un bol et parsemez des muffins aux œufs.

Faites cuire au four pendant 20 à 25 minutes jusqu'à ce que l'œuf soit cuit.

Valeurs nutritionnelles par portion

150 calories

11,5 g de matière grasse

10 g de protéines

1,5 g de glucides

0,5 g de fibres

Smoothie à la tarte aux fraises

Temps de préparation : **5 minutes**, *rendement* : ***1 portion***

Ingrédients

- 1 petite rhubarbe, tranchée
- 70 g de fraises tranchées congelées
- 180 ml de lait de cajou non sucré
- 120 g de yogourt gras, nature
- 30 g d'amandes crues
- ½ cuillère d'extrait de vanille

Préparation

Mélangez la rhubarbe, les fraises et le lait d'amande dans un mélangeur.

Pulsez les ingrédients plusieurs fois.

Ajoutez le reste des ingrédients et mélangez jusqu'à consistance lisse.

Versez dans un grand verre et savourez immédiatement.

Valeurs nutritionnelles par portion

285 calories

20 g de matière grasse

11 g de protéines

12,5 g de glucides

5 g de fibres

Smoothie Chai à la vanille

Temps de préparation : **5 minutes**, *rendement :* **1 portion**

Ingrédients

- 230 ml de lait d'amande non sucré
- 120 g de yogourt gras, nature
- 1 cuillère d'extrait de vanille
- ¼ cuillère de cannelle moulue
- ¼ cuillère de gingembre moulu
- 1 pincée de cardamome moulue

Préparation

Combinez tous les ingrédients dans un mélangeur.

Pulsez les ingrédients plusieurs fois puis mélangez bien.

Versez dans un grand verre et savourez immédiatement.

Valeurs nutritionnelles par portion

115 calories

7,5 g de matière grasse

5 g de protéines

6,5 g de glucides

1 g de fibres

Porridge aux amandes et à la cannelle

Temps de préparation : **5 minutes***, temps de cuisson :* ***25 minutes****, rendement :* ***1 portion***

Ingrédients

- 1 cuillère à soupe de beurre
- 1 cuillère de farine de noix de coco
- 1 gros œuf battu
- ½ cuillère de cannelle moulue
- 1 pincée de sel
- 60 ml de lait de coco
- 1 cuillère à soupe de beurre d'amande

Préparation

Faites dissoudre le beurre dans une casserole à feu doux.

Ajoutez la farine de noix de coco, l'œuf, la cannelle et le sel en fouettant.

Ajoutez le lait de coco en fouettant et incorporer le beurre d'amande jusqu'à consistance lisse.

Laissez mijoter à feu doux, en remuant souvent, jusqu'à ce que le tout soit bien chaud.

Versez dans un bol et servez.

Valeurs nutritionnelles par portion

470 calories

42 g de matière grasse

13 g de protéines

7 g de glucides

8 g de fibres

Bacon, champignon et omelette suisse

Temps de préparation : **5 minutes**, *temps de cuisson :* **10 minutes**, *rendement :* **1 portion**

Ingrédients

- 3 gros œufs battus
- 1 cuillère à soupe de crème épaisse
- Sel et poivre
- 2 tranches de bacon cru, hachées
- 30 g de champignons en dés
- 20 g de fromage suisse râpé

Préparation

Battez ensemble les œufs, la crème épaisse, le sel et le poivre dans un petit bol.

Faites cuire le bacon dans une petite poêle à feu moyen élevé.

Lorsque le bacon est croustillant, versez-le dans un bol.

Réchauffez la poêle à feu moyen, puis ajoutez les champignons.

Faites cuire les champignons jusqu'à ce qu'ils soient dorés, puis versez-les dans le bol avec le bacon.

Réchauffez la poêle avec le reste de l'huile.

Versez les œufs battus et laissez cuire jusqu'à ce que le fond de l'œuf commence à prendre.

Inclinez la casserole pour étendre l'œuf et faites cuire jusqu'à ce qu'elle soit presque ferme.

Répartissez le mélange de bacon et de champignons sur la moitié de l'omelette, puis saupoudrez de fromage et repliez-le.

Laissez l'omelette cuire jusqu'à ce que les œufs soient pris, puis servez chaud.

Valeurs nutritionnelles par portion

475 calories

36 g de matière grasse

34 g de protéines

3,5 g de glucides

0,5 g de fibres

Muffins à la noix de coco et noix de cajou

Temps de préparation : **10 minutes**, *temps de cuisson :* **25 minutes**, *rendement :* **12 portions**

Ingrédients

- 100 g de farine d'amande
- 1 tasse d'érythritol en poudre
- 20 g de poudre de cacao
- 2 cuillères à café de levure
- ¼ cuillère de sel
- 160 g de beurre de cajou fondu
- 180 ml de lait d'amande non sucré
- 4 gros œufs
- ¼ tasse de noix de macadamia hachées

Préparation

Préchauffez le four à 180 °C et recouvrez un moule à muffins de doublures en papier.

Fouettez la farine d'amande avec l'érythritol, le cacao en poudre, la levure chimique et le sel dans un bol à mélanger.

Dans un autre bol, mélangez le lait d'amande, le beurre de cajou et les œufs.

Incorporez les ingrédients humides dans le sec jusqu'à ce que tout soit bien combiné, puis incorporer les noix.

Versez la pâte dans le moule préparé et cuire au four pendant 22 à 25 minutes jusqu'à ce qu'un couteau inséré au centre en ressorte propre.

Laissez refroidir les muffins dans le moule pendant 5 minutes, puis les démouler sur une grille de refroidissement en fil métallique.

Valeurs nutritionnelles par portion

230 calories

20 g de matière grasse

9 g de protéines

6,5 g de glucides

2,5 g de fibres

Crêpes aux protéines de chocolat

*Temps de préparation : **5 minutes**, temps de cuisson : **15 minutes**, rendement : **4 portions***

Ingrédients

- 230 ml de lait de coco
- 60 ml d'huile de noix de coco
- 8 gros œufs
- 2 cuillères (40 g) de poudre de protéine de blanc d'œuf
- 20 g de poudre de cacao
- 1 cuillère d'extrait de vanille

Préparation

Combinez le lait de coco, l'huile de noix de coco et les œufs dans un robot culinaire.

Pulsez le mélange plusieurs fois, puis ajoutez le reste des ingrédients.

Mélangez jusqu'à obtenir un mélange lisse et homogène.

Faites chauffer une poêle antiadhésive à feu moyen.

Verser dans la pâte, en utilisant environ ¼ tasse par crêpe.

Faites cuire jusqu'à ce que des bulles se forment à la surface de la pâte, puis retournez-les doucement.

Laissez cuire la crêpe jusqu'à ce que le dessous soit bruni.

Transférez dans une assiette pour garder au chaud et répétez avec le reste de la pâte.

Valeurs nutritionnelles par portion

455 calories

38,5 g de matière grasse

23 g de protéines

5 g de glucides

3 g de fibres

Omelette au jambon, au cheddar et à la ciboulette

Temps de préparation : **5 minutes***, temps de cuisson : **10 minutes***, rendement : **1 portion**

Ingrédients

- 1 cuillère d'huile de noix de coco
- 3 gros œufs battus
- 1 cuillère à soupe de crème épaisse
- 1 cuillère à soupe de ciboulette hachée
- Sel et poivre
- 20 g de fromage cheddar râpé
- 20 g de jambon en dés

Préparation

Battez ensemble les œufs, la crème épaisse, la ciboulette, le sel et le poivre dans un petit bol.

Faites chauffer l'huile de noix de coco dans une petite poêle à feu moyen.

Versez les œufs battus et laissez cuire jusqu'à ce que le fond de l'œuf commence à prendre.

Inclinez la casserole pour étendre l'œuf et faites cuire jusqu'à ce qu'elle soit presque ferme.

Saupoudrez le jambon et le cheddar sur la moitié de l'omelette et repliez-la.

Laissez l'omelette cuire jusqu'à ce que les œufs soient pris, puis servez chaud.

Valeurs nutritionnelles par portion

515 calories

42 g de matière grasse

32 g de protéines

3 g de glucides

0,5 g de fibres

Épinards brouillés aux œufs et au parmesan

Temps de préparation : **5 minutes***, temps de cuisson :* **10 minutes***, rendement :* **1 portion**

Ingrédients

- 2 gros œufs battus
- 1 cuillère à soupe de crème épaisse
- Sel et poivre
- 1 cuillère d'huile de noix de coco
- 2 tasses d'épinards frais
- 2 cuillères à soupe de parmesan râpé

Préparation

Fouettez les œufs avec la crème épaisse, le sel et le poivre dans un bol.

Faites chauffez l'huile de noix de coco dans une poêle moyenne à feu moyen.

Incorporez les épinards et cuire jusqu'à ce qu'ils soient fanés, environ 1 à 2 minutes.

Versez les œufs et faites cuire, en remuant de temps en temps, jusqu'à ce que vous preniez, environ 1 à 2 minutes.

Incorporez le parmesan et servez chaud.

Valeurs nutritionnelles par portion

290 calories

23 g de matière grasse

18,5 g de protéines

2 g de glucides

1,5 g de fibres

Gaufres à la cannelle

Temps de préparation : **10 minutes**, *temps de cuisson :* **20 minutes**, *rendement :* **2 portions**

Ingrédients

- 4 gros œufs, blancs et jaunes séparés
- 3 cuillères de farine de noix de coco
- 3 cuillères à soupe d'érythritol en poudre
- 1¼ cuillère à café de levure chimique
- 1 cuillère d'extrait de vanille
- ½ cuillère de cannelle moulue
- 1 pincée de noix de muscade moulue
- 120 g de crème épaisse

Préparation

Séparez les blancs et les jaunes d'œufs dans deux bols différents.

Fouettez les blancs d'œufs jusqu'à formation de pics fermes, puis mettez-les de côté.

Battez les jaunes d'œufs avec la farine de noix de coco, l'érythritol, la levure chimique, la vanille, la cannelle et la noix de muscade dans l'autre bol.

Ajoutez la crème épaisse en fouettant jusqu'à ce que tout soit bien mélangé, puis incorporez délicatement les blancs d'œufs.

Préchauffez le gaufrier et graissez-le avec un aérosol de cuisson.

Versez environ ½ tasse de pâte dans le gaufrier.

Faites cuire la gaufre conformément aux instructions du fabricant du gaufrier.

Retirez la gaufre dans une assiette et recommencez avec la pâte restante.

Valeurs nutritionnelles par portion

350 calories

24 g de matière grasse

16 g de protéines

8 g de glucides

8 g de fibres

Muffins au citron et aux graines de lin

Temps de préparation : **10 minutes**, *temps de cuisson :* **20 minutes**, *rendement :* **12 portions**

Ingrédients

- 50 g de farine d'amande
- ¼ tasse de graines de lin moulues
- ¼ tasse d'érythritol en poudre
- 1 cuillère à café de levure chimique
- 60 ml de lait de coco
- 60 ml d'huile de coco fondue
- 50 g de jus de citron frais
- 3 gros œufs
- 2 cuillères à soupe d'écorces de citron râpé
- Sel

Préparation

Préchauffez le four à 180 °C et recouvrez un moule à muffins de doublures en papier.

Dans un bol, mélangez la farine d'amande, les graines de lin moulues, l'érythritol, la poudre à pâte et le sel.

Dans un autre bol, mélangez le lait de coco, l'huile de coco, le jus de citron et les œufs.

Incorporez les ingrédients humides dans le sec jusqu'à ce que juste combiné.

Incorporez le zeste de citron râpé.

Versez la pâte dans le moule préparé et cuire au four pendant 18 à 20 minutes jusqu'à ce qu'un couteau inséré au centre en ressorte propre.

Laissez refroidir les muffins dans le moule pendant 5 minutes, puis retournez-les sur une grille de refroidissement.

Valeurs nutritionnelles par portion

120 calories

11 g de matière grasse

3,5 g de protéines

1,5 g de glucides

1,5 g de fibres

Gaufres à la citrouille et aux épices

Temps de préparation : **10 minutes***, temps de cuisson :* **20 minutes***, rendement :* **2 portions**

Ingrédients

- 4 gros œufs, blancs et jaunes séparés
- 3 cuillères de farine de noix de coco
- 3 cuillères à soupe d'érythritol en poudre
- 1¼ cuillère à café de levure chimique
- 1 cuillère d'extrait de vanille
- ½ cuillère de cannelle moulue
- ¼ cuillère de noix de muscade moulue
- 75 g de purée de citrouille

Préparation

Séparez les blancs et les jaunes d'œufs dans deux bols différents.

Fouettez les blancs d'œufs jusqu'à formation de pics fermes, puis mettez-les de côté.

Battez les jaunes d'œufs avec la farine de noix de coco, l'érythritol, la levure chimique, la vanille, la cannelle, la muscade et les clous de girofle dans l'autre bol.

Ajoutez la purée de citrouille en fouettant jusqu'à consistance homogène, puis incorporez délicatement les blancs d'œufs.

Préchauffez le gaufrier et graissez-le avec un aérosol de cuisson.

Versez environ ½ tasse de pâte dans le gaufrier.

Faites cuire la gaufre conformément aux instructions du fabricant du gaufrier.

Retirez la gaufre dans une assiette et recommencez avec la pâte restante.

Valeurs nutritionnelles par portion

265 calories

13,5 g de matière grasse

16 g de protéines

10 g de glucides

10 g de fibres

Déjeuner : Salades, Soupes, Sandwich, Viandes

Salade d'avocat et de concombre au bacon

Temps de préparation : **10 minutes**, *rendement :* ***2 portions***

Ingrédients

- 2 tasses d'épinards frais, hachés
- ½ concombre, émincé
- 1 petit avocat, dénoyauté et haché
- 1½ cuillère d'huile d'olive
- 1½ cuillère de jus de citron
- Sel et poivre
- 2 tranches de bacon cuit, haché

Préparation

Combinez les épinards, le concombre et l'avocat dans un saladier.

Mélangez avec l'huile d'olive, le jus de citron, le sel et le poivre.

Garnissez de bacon haché pour servir.

Valeurs nutritionnelles par portion

365 calories

24,5 g de matière grasse

7 g de protéines

5 g de glucides

8 g de fibres

Soupe cheeseburger au bacon

Temps de préparation : **10 minutes**, *temps de cuisson* : **15 minutes**, *rendement* : **4 portions**

Ingrédients

- 4 tranches de bacon non cuit
- 250 g de bœuf haché
- 1 oignon jaune moyen, haché
- 1 gousse d'ail émincée
- 750 ml de bouillon de bœuf
- 2 cuillères de pâte de tomate
- 2 cuillères de moutarde de Dijon
- Sel et poivre
- 1 tasse de laitue déchiquetée
- 40 g de fromage cheddar râpé

Préparation

Faites cuire le bacon dans une casserole jusqu'à ce qu'il soit croustillant, puis égouttez-le sur du papier absorbant et hachez-le.

Réchauffez la graisse de bacon dans la casserole et ajoutez le bœuf. Laissez-le cuire jusqu'à ce qu'il soit doré, puis égouttez la moitié de la graisse.

Réchauffez la casserole et ajoutez l'oignon et l'ail - faites cuire pendant 6 minutes.

Incorporez le bouillon, la pâte de tomates et la moutarde, puis assaisonnez.

Ajoutez le bœuf et laissez mijoter à feu moyen doux pendant 15 minutes à couvert.

Versez dans des bols et garnissez de laitue, de fromage cheddar et de bacon.

Valeurs nutritionnelles par portion

315 calories

20 g de matière grasse

27 g de protéines

5 g de glucides

1 g de fibres

Sandwich au jambon et au provolone

Temps de préparation : **30 minutes**, *temps de cuisson* : **5 minutes**, *rendement* : **1 portion**

Ingrédients

- 1 gros œuf, blanc et jaune séparés
- 1 pincée de crème de tartre
- 1 pincée de sel
- 30 g de fromage à la crème, ramolli
- 20 g de fromage provolone râpé
- 120 g de jambon tranché

Préparation

Pour préparer le pain, préchauffez le four à 150 °C et recouvrez une plaque à pâtisserie de papier cuisson.

Battez les blancs d'œufs avec la crème de tartre et le sel jusqu'à formation de pics mous.

Fouettez le fromage à la crème et le jaune d'œuf jusqu'à ce qu'ils soient lisses et jaune pâle.

Incorporez le blanc d'œuf en fouettant jusqu'à consistance lisse et homogène.

Répartissez la pâte sur la plaque de cuisson en deux cercles uniformes.

Faites cuire au four pendant 25 minutes jusqu'à ce qu'ils soient fermes et légèrement dorés.

Étendez le beurre sur un côté de chaque cercle de pain, puis en placer un dans une poêle préchauffée à feu moyen.

Saupoudrez de fromage et ajoutez le jambon en tranches, puis recouvrez de l'autre cercle de pain, côté beurre vers le haut. Faites cuire le sandwich pendant une minute ou deux, puis retournez-le doucement. Laissez-le cuire jusqu'à ce que le fromage soit fondu, puis servez.

Valeurs nutritionnelles par portion

425 calories

31 g de matière grasse

31 g de protéines

4 g de glucides

1 g de fibres

Pépites de poulet au four

Temps de préparation : **10 minutes**, *temps de cuisson :* ***20 minutes***, *rendement :* ***4 portions***

Ingrédients

- 15 g de farine d'amande
- 1 cuillère de poudre de chili
- ½ cuillère à café de paprika
- 900 g de cuisses de poulet désossées, coupées en morceaux
- Sel et poivre
- 2 gros œufs bien battus

Préparation

Préchauffez le four à 200 °C et recouvrez une plaque à pâtisserie de papier cuisson.

Mélangez la farine d'amande, la poudre de chili et le paprika dans un plat peu profond.

Assaisonnez le poulet avec du sel et du poivre, puis plongez-le dans les œufs battus.

Saupoudrez les morceaux de poulet dans le mélange de farine d'amande, puis disposez-les sur la plaque de cuisson. Faites-les cuire au four pendant 20 minutes jusqu'à ce qu'ils soient dorés et croustillants. Servez chaud.

Valeurs nutritionnelles par portion

400 calories

26 g de matière grasse

43 g de protéines

1 g de glucides

1 g de fibres

Salade de tacos avec vinaigrette crémeuse

Temps de préparation : **10 minutes**, *temps de cuisson :* **10 minutes**, *rendement :* **2 portions**

Ingrédients

- 200 g de bœuf haché (80 % maigre)
- 1 cuillère à soupe de cumin moulu
- 1 cuillère de poudre de chili
- 4 tasses de laitue fraîche hachée
- 150 g de tomates en dés
- 70 g d'oignon rouge coupé en dés
- 20 g de fromage cheddar râpé
- 3 cuillères à soupe de mayonnaise
- 1 cuillère de vinaigre de cidre
- 1 pincée de paprika
- Sel et poivre

Préparation

Faites cuire le bœuf haché dans une poêle à feu moyen élevé jusqu'à ce qu'il soit doré.

Égouttez la moitié du gras, salez, poivrez et ajoutez l'assaisonnement pour tacos.

Laissez mijoter pendant 5 minutes, puis retirez du feu.

Divisez la laitue entre deux bols à salade, puis garnissez de bœuf haché.

Ajoutez les tomates en dés, l'oignon rouge et le fromage cheddar.

Fouettez ensemble le reste des ingrédients, puis versez sur les salades pour servir.

Valeurs nutritionnelles par portion

470 calories

36 g de matière grasse

28 g de protéines

6 g de glucides

1,5 g de fibres

Salade aux œufs sur laitue

Temps de préparation : **10 minutes**, *rendement :* **2 portions**

Ingrédients

- 3 gros œufs durs, refroidis
- 1 petite branche de céleri, coupée en dés
- 3 cuillères à soupe de mayonnaise
- 1 cuillère de persil frais haché
- 1 cuillère de jus de citron frais
- Sel et poivre
- 4 tasses de laitue fraîche hachée

Préparation

Pelez et coupez les œufs en dés dans un bol à mélanger.

Incorporez le céleri, la mayonnaise, le persil, le jus de citron, le sel et le poivre.

Servez à la cuillère sur de la laitue fraîche hachée.

Valeurs nutritionnelles par portion

260 calories

23 g de matière grasse

10 g de protéines

3 g de glucides

1 g de fibres

Soupe aux œufs battus

Temps de préparation : **5 minutes**, *temps de cuisson :* **10 minutes**, *rendement :* **4 portions**

Ingrédients

- 1 litre de bouillon de poulet
- 4 cubes de bouillon de poulet
- 1½ cuillère de pâte de chili à l'ail
- 6 gros œufs battus
- ½ oignon vert, tranché

Préparation

Écrasez les cubes de bouillon et incorporez-les au bouillon dans une casserole.

Portez à ébullition, puis incorporez la pâte de piment et d'ail.

Faites cuire à la vapeur, puis retirez du feu.

Tout en fouettant, arrosez des œufs battus.

Laissez reposer pendant 2 minutes puis servez avec des oignons verts tranchés.

Valeurs nutritionnelles par portion

165 calories

9,5 g de matière grasse

16 g de protéines

2,5 g de glucides

0 g de fibres

Sandwich à l'avocat, bacon, laitue et tomate

Temps de préparation : **30 minutes***, rendement :* **1 portion**

Ingrédients

- 1 gros œuf, blanc et jaune séparés
- 1 pincée de crème de tartre
- 1 pincée de sel
- 30 g de fromage à la crème, ramolli
- 2 tranches de bacon non cuit
- ¼ tasse d'avocat en tranches
- ¼ tasse de laitue déchiquetée
- 1 tranche de tomate

Préparation

Pour préparer le pain, préchauffez le four à 150 °C et recouvrez une plaque à pâtisserie de papier cuisson.

Battez les blancs d'œufs avec la crème de tartre et le sel jusqu'à formation de pics mous.

Fouettez le fromage à la crème et le jaune d'œuf jusqu'à ce qu'ils soient lisses et jaune pâle.

Incorporez les blancs d'œufs un à un jusqu'à consistance lisse et homogène.

Répartissez la pâte sur la plaque de cuisson en deux cercles uniformes. Faites cuire au four pendant 25 minutes jusqu'à ce qu'ils soient fermes et légèrement dorés.

Faites cuire le bacon dans une poêle jusqu'à ce qu'il soit croustillant, puis égouttez-le sur un essuie-tout.

Assemblez le sandwich avec le bacon, l'avocat, la laitue et la tomate.

Valeurs nutritionnelles par portion

355 calories

30 g de matière grasse

16,5 g de protéines

3 g de glucides

2,5 g de fibres

Galettes de saumon frites

Temps de préparation : **15 minutes**, *temps de cuisson :* **10 minutes**, *rendement :* **2 portions**

Ingrédients

- 1 cuillère à soupe de beurre
- 120 g de chou-fleur
- Sel et poivre
- 250 g de filet de saumon désossé
- 15 g de farine d'amande
- 2 cuillères de farine de noix de coco
- 1 œuf
- 2 cuillères à soupe d'oignon rouge émincé
- 1 cuillère de persil frais haché
- 2 cuillères d'huile de noix de coco

Préparation

Faites fondre le beurre dans une poêle à feu moyen, puis faites cuire le chou-fleur 5 minutes - assaisonnez avec du sel et du poivre. Versez le chou-fleur dans un bol et réchauffez la poêle.

Ajoutez le saumon et assaisonnez avec du sel et du poivre.

Faites cuire le saumon jusqu'à ce qu'il devienne opaque, puis retirez-le et émiettez-le dans un bol.

Incorporez le chou-fleur avec la farine d'amande, la farine de noix de coco, l'œuf, l'oignon rouge et le persil.

Façonnez 6 galettes et faites-les frire dans l'huile de coco jusqu'à ce qu'elles soient dorées.

Valeurs nutritionnelles par portion

505 calories

37,5 g de matière grasse

31 g de protéines

6,5 g de glucides

8 g de fibres

Salade printanière au parmesan

Temps de préparation : **15 minutes**, *rendement :* **2 portions**

Ingrédients

- 3 tranches de bacon non cuit
- 2 cuillères de vinaigre de vin rouge
- 1 cuillère de moutarde de Dijon
- Sel et poivre
- 120 g de légumes verts printaniers
- ½ petit oignon rouge, émincé
- ½ tasse de pignons de pin grillés
- 30 g de parmesan râpé

Préparation

Faites cuire le bacon dans une poêle jusqu'à ce qu'il soit croustillant, puis déposez-le sur du papier absorbant.

Réservez un quart de bacon dans la poêle, en éliminant le reste, puis hachez le bacon.

Fouettez le vinaigre de vin rouge et la moutarde dans la graisse de bacon de la poêle.

Assaisonnez avec du sel et du poivre et laissez refroidir légèrement.

Dans un saladier, combinez les légumes printaniers, l'oignon rouge, les pignons de pin et le parmesan.

Mélangez avec la vinaigrette, puis garnissez de bacon haché pour servir.

Valeurs nutritionnelles par portion

295 calories

25 g de matière grasse

14,5 g de protéines

3,5 g de glucides

3 g de fibres

Salade d'avocat au poulet et sésame

Temps de préparation : **10 minutes**, *rendement :* **2 portions**

Ingrédients

- 1 cuillère d'huile de sésame
- 250 g de cuisses de poulet désossées, hachées
- Sel et poivre
- 4 tasses de légumes verts printaniers
- 1 tasse d'avocat en tranches
- 2 cuillères à soupe d'huile d'olive
- 2 cuillères de vinaigre de vin de riz
- 1 cuillère de graines de sésame

Préparation

Faites chauffer l'huile de sésame dans une poêle à feu moyen vif.

Assaisonnez le poulet avec du sel et du poivre, puis ajoutez-le à la poêle.

Faites cuire le poulet jusqu'à ce qu'il soit doré et bien cuit, en remuant souvent.

Retirez le poulet du feu et laissez refroidir légèrement.

Répartissez les légumes printaniers dans deux assiettes à salade et garnissez d'avocat.

Arrosez les salades avec de l'huile d'olive et du vinaigre de vin de riz.

Garnissez de poulet cuit et saupoudrez de graines de sésame.

Valeurs nutritionnelles par portion

540 calories

47,5 g de matière grasse

23 g de protéines

2,5 g de glucides

8 g de fibres

Soupe de chou-fleur aux épinards

Temps de préparation : **5 minutes**, *temps de cuisson :* **15 minutes**, *rendement :* **4 portions**

Ingrédients

- 1 cuillère d'huile de noix de coco
- 1 petit oignon jaune, haché
- 2 gousses d'ail émincées
- 200 g de chou-fleur haché
- 250 g d'épinards frais, hachés
- 700 ml de bouillon de légumes
- 120 ml de lait de coco
- Sel et poivre

Préparation

Faites chauffer l'huile dans une casserole à feu moyen vif - ajoutez l'oignon ct l'ail.

Faites sauter pendant 4 à 5 minutes jusqu'à ce qu'ils soient dorés, puis incorporez le chou-fleur.

Faites cuire pendant 5 minutes jusqu'à ce qu'ils soient dorés, puis ajoutez les épinards.

Laissez cuire pendant 2 minutes jusqu'à ce que le mélange soit ramolli, puis incorporez le bouillon et portez à ébullition.

Retirez du feu et réduisez en purée le potage avec un mélangeur à immersion.

Incorporez le lait de coco et assaisonnez avec du sel et du poivre. Servez chaud.

Valeurs nutritionnelles par portion

165 calories

12 g de matière grasse

7 g de protéines

5,5 g de glucides

3,5 g de fibres

Sandwich au poulet et au fromage

Temps de préparation : **30 minutes***, rendement :* **1 portion**

Ingrédients

- 1 gros œuf, blanc et jaune séparés
- 1 pincée de crème de tartre
- 1 pincée de sel
- 30 g de fromage à la crème, ramolli
- 150 g de poitrine de poulet cuite, râpée
- 2 cuillères à soupe de sauce piquante
- 1 tranche de fromage suisse

Préparation

Pour préparer le pain, préchauffez le four à 150 °C et recouvrez une plaque à pâtisserie de papier cuisson.

Battez les blancs d'œufs avec la crème de tartre et le sel jusqu'à formation de pics mous.

Fouettez le fromage à la crème et le jaune d'œuf jusqu'à ce qu'ils soient lisses et jaune pâle.

Incorporez les blancs d'œufs un à un jusqu'à consistance lisse et homogène.

Répartissez la pâte sur la plaque de cuisson en deux cercles uniformes.

Faites cuire au four pendant 25 minutes jusqu'à ce qu'ils soient fermes et légèrement dorés.

Râpez le poulet dans un bol et mélangez avec la sauce piquante.

Déposez le poulet sur l'un des cercles de pain et garnir de fromage.

Garnissez avec l'autre cercle de pain et dégustez.

Valeurs nutritionnelles par portion

555 calories

33,5 g de matière grasse

58 g de protéines

3,5 g de glucides

0 g de fibres

Poulet à la noix de coco

Temps de préparation : **10 minutes**, *temps de cuisson* : **30 minutes**, *rendement* : **4 portions**

Ingrédients

- 15 g de farine d'amande
- 2 cuillères à soupe de noix de coco râpée
- ½ cuillère à café de poudre d'ail
- 900 g de tendres de poulet désossé
- Sel et poivre
- 2 gros œufs bien battus

Préparation

Préchauffez le four à 200 °C et recouvrez une plaque à pâtisserie de papier cuisson.

Mélangez la farine d'amande, la noix de coco et la poudre d'ail dans un plat peu profond.

Assaisonnez le poulet avec du sel et du poivre, puis plongez-le dans les œufs battus.

Saupoudrez les filets de poulet dans le mélange de farine d'amande, puis disposez sur la plaque à pâtisserie.

Faites cuire au four pendant 25 à 30 minutes jusqu'à ce qu'ils soient dorés et bien cuits. Servez chaud.

Valeurs nutritionnelles par portion

325 calories

9,5 g de matière grasse

56,5 g de protéines

1 g de glucides

1 g de fibres

Salade d'épinards à l'avocat et aux amandes

Temps de préparation : **10 minutes**, *rendement :* **2 portions**

Ingrédients

- 500 g d'épinards frais
- 2 cuillères à soupe d'huile d'olive
- 1½ cuillère de vinaigre balsamique
- ½ cuillère de moutarde de Dijon
- Sel et poivre
- 1 avocat moyen, émincé
- 120 g d'amandes tranchées, grillées

Préparation

Mélangez les épinards avec l'huile d'olive, le vinaigre balsamique, la moutarde de Dijon, le sel et le poivre.

Répartissez les épinards dans deux assiettes à salade.

Garnissez les salades avec des tranches d'avocat et d'amandes grillées pour servir.

Valeurs nutritionnelles par portion

415 calories

40 g de matière grasse

6,5 g de protéines

4 g de glucides

10 g de fibres

Salade hachée

Temps de préparation : **15 minutes**, *rendement* : **2 portions**

Ingrédients

- 300 g de laitue fraîche hachée
- 1 petit avocat, dénoyauté et haché
- 150 g de tomates cerises coupées en deux morceaux
- 50 g de concombre en dés
- 2 œufs durs, pelés et tranchés
- 200 g de jambon en dés
- 40 g de fromage cheddar râpé

Préparation

Divisez la laitue entre deux assiettes à salade ou des bols.

Garnissez les salades d'avocat en dés, de tomate et de céleri.

Ajoutez l'œuf en tranches, le jambon coupé en dés et le fromage râpé.

Servez les salades avec votre vinaigrette préférée.

Valeurs nutritionnelles par portion

520 calories

39,5 g de matière grasse

27 g de protéines

8,5 g de glucides

9 g de fibres

Soupe de poireaux au chou-fleur et à la pancetta

Temps de préparation : **15 minutes**, *temps de cuisson :* **60 minutes**, *rendement :* **4 portions**

Ingrédients

- 900 ml de bouillon de poulet
- ½ tête de chou-fleur moyenne, hachée
- 180 g de poireaux tranchés
- 120 g de crème épaisse
- Sel et poivre
- 60 g de pancetta en dés

Préparation

Mélangez le bouillon et le chou-fleur dans une casserole à feu moyen vif.

Portez le bouillon de poulet à ébullition puis ajoutez les poireaux émincés.

Faites bouillir à feu moyen pendant 1 heure à couvert jusqu'à ce que le chou-fleur soit tendre.

Retirez du feu et réduisez en purée le potage avec un mélangeur à immersion.

Incorporez la crème, puis assaisonnez avec du sel et du poivrer.

Faites frire la pancetta hachée dans une poêle à feu moyen vif jusqu'à ce qu'elle soit croustillante.

Répartissez la soupe dans des bols et garnissez de pancetta.

Valeurs nutritionnelles par portion

200 calories

13 g de matière grasse

12 g de protéines

6,5 g de glucides

2 g de fibres

Sandwich aux trois viandes et au fromage

Temps de préparation : **30 minutes**, *temps de cuisson :* **5 minutes**, *rendement :* **1 portion**

Ingrédients

- 1 gros œuf, blanc et jaune séparés
- 1 pincée de crème de tartre
- 1 pincée de sel
- 30 g de fromage à la crème, ramolli
- 30 g de jambon tranché
- 30 g de salami dur tranché
- 30 g de dinde tranchée
- 2 tranches de fromage cheddar

Préparation

Pour préparer le pain, préchauffez le four à 150 °C et recouvrez une plaque à pâtisserie de papier cuisson.

Battez les blancs d'œufs avec la crème de tartre et le sel jusqu'à formation de pics mous.

Fouettez le fromage à la crème et le jaune d'œuf jusqu'à ce qu'ils soient lisses et jaune pâle.

Incorporez les blancs d'œufs un à un jusqu'à consistance lisse et homogène.

Répartissez la pâte sur la plaque de cuisson en deux cercles uniformes.

Faites cuire au four pendant 25 minutes jusqu'à ce qu'ils soient fermes et légèrement dorés.

Pour compléter le sandwich, étalez les tranches de viande et les fromages entre les deux cercles de pain.

Graissez une poêle avec un aérosol de cuisson et chauffez-la à feu moyen.

Ajoutez le sandwich et faites cuire jusqu'à ce qu'il soit doré, puis retournez et laissez cuire jusqu'à ce que le fromage soit fondu.

Valeurs nutritionnelles par portion

610 calories

48 g de matière grasse

40 g de protéines

2,5 g de glucides

0,5 g de fibres

Brochettes de bœuf au poivron

Temps de préparation : **30 minutes**, *temps de cuisson :* **10 minutes**, *rendement :* **2 portions**

Ingrédients

- 2 cuillères à soupe d'huile d'olive
- 1½ cuillère de vinaigre balsamique
- 2 cuillères de moutarde de Dijon
- Sel et poivre
- 250 de bœuf, coupé en morceaux
- 1 petit poivron rouge, coupé en morceaux
- 1 petit poivron vert, coupé en morceaux

Préparation

Battez ensemble l'huile d'olive, le vinaigre balsamique et la moutarde dans un plat peu profond.

Assaisonnez le steak avec du sel et du poivre, puis ajoutez la marinade.

Laissez mariner pendant 30 minutes, puis glisser sur les brochettes avec les poivrons.

Préchauffez une poêle à griller à feu vif et la graisse avec un aérosol de cuisson.

Faites cuire les brochettes de 2 à 3 minutes de chaque côté jusqu'à ce que le bœuf soit cuit.

Valeurs nutritionnelles par portion

365 calories

21,5 g de matière grasse

35,5 g de protéines

5 g de glucides

1,5 g de fibres

Salade de thon sur laitue

Temps de préparation : **10 minutes**, *rendement :* **2 portions**

Ingrédients

- 60 g de mayonnaise
- 1 cuillère de jus de citron frais
- 1 cuillère à soupe de cornichon
- 2 boîtes de thon à l'huile, égouttées et émiettées
- 150 g de tomates cerises coupées en deux morceaux
- 40 g de concombre en dés
- Sel et poivre
- 400 g de laitue romaine hachée

Préparation

Battez ensemble la mayonnaise, le jus de citron et les savourer dans un bol.

Mélangez le thon, les tomates et le concombre émiettés - assaisonnez avec du sel et du poivre.

Déposez sur la laitue hachée pour servir.

Valeurs nutritionnelles par portion

550 calories

35 g de matière grasse

48 g de protéines

7 g de glucides

1,5 g de fibres

Sandwich au jambon et au fromage

Temps de préparation : **30 minutes**, *temps de cuisson :* **5 minutes**, *rendement :* **1 portion**

Ingrédients

- 1 gros œuf, blanc et jaune séparés
- 1 pincée de crème de tartre
- 1 pincée de sel
- 30 g de fromage à la crème, ramolli
- 1 œuf
- 1 cuillère à café de beurre
- 100 g de jambon tranché
- 1 tranche de fromage cheddar

Préparation

Pour préparer le pain, préchauffez le four à 150 °C et recouvrez une plaque à pâtisserie de papier cuisson.

Battez les blancs d'œufs avec la crème de tartre et le sel jusqu'à formation de pics mous.

Fouettez le fromage à la crème et le jaune d'œuf jusqu'à ce qu'ils soient lisses et jaune pâle.

Incorporez les blancs d'œufs un à un jusqu'à consistance lisse et homogène.

Répartissez la pâte sur la plaque de cuisson en deux cercles uniformes.

Faites cuire au four pendant 25 minutes jusqu'à ce qu'ils soient fermes et légèrement dorés.

Pour compléter le sandwich, faites cuire l'œuf dans le beurre jusqu'à ce que la cuisson soit à votre goût.

Disposez le jambon en tranches sur un cercle de pain. Garnissez de l'œuf et du fromage en tranches, puis du deuxième cercle de pain.

Servez immédiatement.

Valeurs nutritionnelles par portion

530 calories

40 g de matière grasse

36 g de protéines

4,5 g de glucides

1 g de fibres

Hot-Dogs enveloppés de bacon

Temps de préparation : **10 minutes**, *temps de cuisson :* **30 minutes**, *rendement :* **2 portions**

Ingrédients

- 4 hot-dogs de bœuf
- 2 tranches de fromage cheddar
- 4 tranches de bacon non cuit

Préparation

Tranchez les hot-dogs dans le sens de la longueur, en les coupant à mi-épaisseur.

Coupez les tranches de fromage en deux et fourrez-en la moitié dans chaque hot-dog.

Enveloppez les hot-dogs dans du bacon puis placez-les sur une rôtissoire tapissée de papier d'aluminium.

Faites cuire au four pendant 30 minutes ou jusqu'à ce que le bacon soit croustillant.

Valeurs nutritionnelles par portion

500 calories

43 g de matière grasse

24 g de protéines

4 g de glucides

0 g de fibres

Boulettes de thon frit à l'avocat

Temps de préparation : **10 minutes**, *temps de cuisson :* **10 minutes**, *rendement :* **4 portions**

Ingrédients

- 60 ml de lait de coco
- 1 cuillère à café de poudre d'oignon
- 1 gousse d'ail émincée
- Sel et poivre
- 300 g de thon en conserve, égoutté
- 1 avocat moyen, coupé en petits dés
- 30 g de farine d'amande
- 60 ml d'huile d'olive

Préparation

Dans un bol, mélangez le lait de coco, la poudre d'oignon, l'ail, le sel et le poivre.

Émiettez le thon dans le bol et incorporez l'avocat.

Divisez le mélange en 10 à 12 boules et roulez dans la farine d'amandes.

Faites chauffez l'huile, à feu moyen vif, dans une grande poêle.

Ajoutez les boulettes d'avocat au thon et les faire frire jusqu'à ce qu'elles soient dorées, puis égouttez-les sur du papier absorbant.

Valeurs nutritionnelles par portion

455 calories

38,5 g de matière grasse

23 g de protéines

3,5 g de glucides

5 g de fibres

Soupe de poulet au curry

Temps de préparation : **10 minutes**, *temps de cuisson :* **20 minutes**, *rendement :* **4 portions**

Ingrédients

- 2 cuillères à soupe d'huile d'olive
- 4 cuisses de poulet désossées
- 1 petit oignon jaune, haché
- 2 cuillères de curry en poudre
- 2 cuillères à café de cumin moulu
- 400 g de chou-fleur haché
- 900 ml de bouillon de poulet
- 230 ml d'eau
- 2 gousses d'ail émincées
- 120 ml de lait de coco
- 200 g de chou frisé haché
- Coriandre fraîche hachée

Préparation

Coupez le poulet en bouchées, puis réservez-le.

Faites chauffer 1 cuillère d'huile dans une casserole à feu moyen. Ajoutez les oignons et laissez cuire pendant 4 minutes, puis incorporez la moitié des épices. Incorporez le chou-fleur et faites-le sauter pendant 4 minutes. Versez le bouillon puis ajoutez l'eau et l'ail et portez à ébullition.

Réduisez le feu et laissez mijoter pendant 10 minutes jusqu'à ce que le chou-fleur soit ramolli. Retirez la casserole du feu et incorporez le lait de coco et le chou frisé.

Faites chauffer le reste de l'huile dans une poêle et ajoutez le poulet – laissez-le cuire jusqu'à ce qu'il soit doré. Incorporez le reste des épices, puis faites cuire jusqu'à ce que le poulet soit cuit. Incorporez le poulet dans la soupe et servez chaud, garnissez de coriandre fraîche.

Valeurs nutritionnelles par portion

390 calories

22 g de matière grasse

34 g de protéines

10 g de glucides

4,5 g de fibres

Salade de chou frisé avec vinaigrette au bacon

Temps de préparation : **15 minutes**, *rendement :* **2 portions**

Ingrédients

- 6 tranches de bacon non cuit
- 2 cuillères de vinaigre de cidre
- 1 cuillère de moutarde de Dijon
- Sel et poivre
- 450 g de chou frisé frais haché
- 80 g d'oignon rouge émincé

Préparation

Faites cuire le bacon dans une poêle jusqu'à ce qu'il soit croustillant, puis retirez-le en papier absorbant et hachez-le.

Réservez un quart de bacon dans la poêle et faites chauffer à feu doux.

Ajoutez le vinaigre de cidre et la moutarde, puis assaisonnez avec du sel et du poivre.

Mélangez le chou frisé et cuire pendant 1 minute, puis répartissez-le dans deux assiettes.

Garnissez les salades d'oignon rouge et de bacon hachés avant de servir.

Valeurs nutritionnelles par portion

230 calories

12 g de matière grasse

15 g de protéines

13,5 g de glucides

2,5 g de fibres

Salade de chou frisé avec vinaigrette au bacon

Temps de préparation : **15 minutes**, *rendement :* **2 portions**

Ingrédients

- 6 tranches de bacon non cuit
- 2 cuillères de vinaigre de cidre
- 1 cuillère de moutarde de Dijon
- Sel et poivre
- 450 g de chou frisé frais haché
- 80 g d'oignon rouge émincé

Préparation

Faites cuire le bacon dans une poêle jusqu'à ce qu'il soit croustillant, puis retirez-le en papier absorbant et hachez-le.

Réservez ¼ de bacon dans la poêle et faites chauffer à feu doux.

Ajoutez le vinaigre de cidre et la moutarde, puis assaisonnez avec du sel et du poivre.

Mélangez le chou frisé et cuire pendant 1 minute, puis répartissez-le dans deux assiettes.

Garnissez les salades d'oignon rouge et de bacon hachés pour servir.

Valeurs nutritionnelles par portion

230 calories

12 g de matière grasse

15 g de protéines

13,5 g de glucides

2,5 g de fibres

Salade César au poulet

Temps de préparation : **10 minutes**, *temps de cuisson :* **20 minutes**, *rendement :* **2 portions**

Ingrédients

- 1 cuillère d'huile d'olive
- 200 g de cuisse de poulet désossée, hachée
- Sel et poivre
- 3 cuillères à soupe de mayonnaise
- 1 cuillère de jus de citron
- 1 anchois haché
- 1 cuillère de moutarde de Dijon
- 1 gousse d'ail émincée
- 450 g de chou frisé frais haché

Préparation

Faites chauffez l'huile dans une poêle à feu moyen vif.

Assaisonnez le poulet avec du sel et du poivre, puis ajoutez-le à la poêle.

Faites cuire jusqu'à ce que le poulet ne soit plus rose, puis retirez du feu.

Mélangez la mayonnaise, le jus de citron, les anchois, la moutarde et l'ail dans un mélangeur.

Mélangez doucement, puis assaisonnez avec du sel et du poivre.

Mélangez le chou avec la vinaigrette, puis divisez-le en deux et garnissez de poulet pour servir.

Valeurs nutritionnelles par portion

390 calories

30 g de matière grasse

19 g de protéines

12,5 g de glucides

2,5 g de fibres

Soupe au poulet Enchilada

Temps de préparation : **15 minutes**, *temps de cuisson* : **45 minutes**, *rendement* : **4 portions**

Ingrédients

- 2 cuillères d'huile de noix de coco
- 2 branches de céleri coupées en rondelles
- 1 petit oignon jaune, haché
- 1 petit poivron rouge, haché
- 2 gousses d'ail émincées
- 300 g de tomates en dés
- 2 cuillères à café de cumin moulu
- 1 cuillère de poudre de chili
- ½ cuillère à café d'origan séché
- 900 ml de bouillon de poulet
- 230 ml de lait de coco
- 250 g de cuisses de poulet cuites, hachées
- 2 cuillères de jus de citron vert
- 20 g de coriandre fraîche hachée

Préparation

Faites chauffer l'huile dans une casserole à feu moyen élevé, puis ajoutez le céleri, l'oignon, les poivrons et l'ail - faites sauter pendant 4 à 5 minutes.

Incorporez l'ail et faites cuire pendant une minute jusqu'à ce qu'il soit parfumé.

Ajoutez les tomates et les épices, puis faites cuire pendant 3 minutes en remuant souvent.

Ajoutez le bouillon et amenez la soupe à ébullition, puis réduisez le feu et laissez mijoter pendant environ 20 minutes.

Incorporez le lait de coco et laissez mijoter encore 20 minutes, puis ajoutez le poulet.

Faites cuire jusqu'à ce que le poulet soit bien chaud, puis incorporez le jus de citron vert et la coriandre.

Valeurs nutritionnelles par portion

380 calories

27 g de matière grasse

24 g de protéines

8,5 g de glucides

3,5 g de fibres

Soupe thaïlandaise aux crevettes et à la noix de coco

Temps de préparation : **10 minutes***, temps de cuisson :* **30 minutes***, rendement :* **4 portions**

Ingrédients

- 1 cuillère d'huile de noix de coco
- 1 petit oignon jaune, coupé en dés
- 900 ml de bouillon de poulet
- 1 boîte de lait de coco
- 50 g de coriandre fraîche hachée
- 1 jalapeno, épépiné et haché
- 1 cuillère à soupe de gingembre râpé
- 2 gousses d'ail émincées
- 1 citron vert, zesté et pressé
- 200 g de crevettes non cuites, pelées et déveinées
- 110 g de champignons tranchés
- 1 petit oignon rouge, émincé
- 1 cuillère de sauce de poisson

Préparation

Faites chauffer l'huile de noix de coco dans une casserole à feu moyen.

Ajoutez les oignons jaunes et faire sauter jusqu'à ce qu'ils deviennent translucides, environ 6 à 7 minutes.

Incorporez le bouillon de poulet, le lait de coco, la coriandre et le jalapeno.

Ajoutez le gingembre, l'ail et le zeste de lime, puis portez à ébullition.

Réduisez le feu et laissez mijoter pendant 20 minutes - filtrez le mélange et éliminez les solides.

Remettez le liquide restant dans la casserole et ajoutez les crevettes, les champignons et l'oignon rouge.

Incorporez le jus de citron vert et la sauce de poisson, puis laissez mijoter pendant 10 minutes. Servez chaud.

Valeurs nutritionnelles par portion

375 calories

29,5 g de matière grasse

18 g de protéines

9,5 g de glucides

3,5 g de fibres

Soupe aux champignons et aux asperges

Temps de préparation : **10 minutes**, *temps de cuisson :* **30 minutes**, *rendement :* **4 portions**

Ingrédients

- 1 cuillère à soupe de beurre
- 1 petit oignon jaune, haché
- 3 gousses d'ail émincées
- 450 g d'asperges, parées et hachées
- 2 tasses de champignons tranchés
- 900 ml de bouillon de légumes
- 4 tasses d'épinards frais
- 1 cuillère à café d'estragon frais haché
- 120 g de crème épaisse
- 50 g de jus de citron frais
- ¼ tasse de persil frais haché
- Sel et poivre

Préparation

Faites fondre le beurre dans une casserole et ajoutez l'oignon.

Faites sauter l'oignon jusqu'à ce qu'il soit doré, puis ajoutez l'ail et faites cuire encore 1 minute.

Incorporez les asperges et les champignons, puis faites sauter pendant 4 minutes.

Versez le bouillon de légumes avec les épinards et l'estragon.

Portez à ébullition, puis réduisez le feu et laissez mijoter 30 minutes à feu moyen.

Retirez du feu, puis incorporez la crème, le jus de citron et le persil.

Couvrez et laissez reposer pendant 20 minutes, puis assaisonnez avec du sel et du poivre au goût.

Valeurs nutritionnelles par portion

170 calories

10,5 g de matière grasse

10 g de protéines

7 g de glucides

4 g de fibres

Soupe de fajita au poulet à la mijoteuse

Temps de préparation : **10 minutes***, temps de cuisson :* **6 heures***, rendement :* **4 portions**

Ingrédients

- 350 g de cuisses de poulet
- 1 tasse de tomates en dés
- 450 ml de bouillon de poulet
- ½ tasse de sauce enchilada
- 60 g de piments verts hachés
- 1 cuillère à soupe d'ail émincé
- 1 oignon jaune moyen, haché
- 1 petit poivron rouge, haché
- 1 jalapeno, épépiné et émincé
- 2 cuillères de poudre de chili
- ½ cuillère à café de paprika
- ½ cuillère à café de cumin moulu
- Sel et poivre
- 1 petit avocat, émincé
- 20 g de coriandre hachée
- 1 citron vert, coupé en quartiers

Préparation

Mélangez le poulet, les tomates, le bouillon de poulet, la sauce enchilada, les piments Chili et l'ail dans la mijoteuse et bien mélanger. Ajoutez l'oignon, les poivrons et le jalapeno.

Incorporez les assaisonnements puis couvrez et faites cuire à feu doux pendant 5 à 6 heures.

Retirez le poulet et hachez-le ou déchiquetez-le, puis remuez-le dans la soupe.

Versez dans des bols et servez avec des tranches d'avocat, de coriandre et de ciron vert.

Valeurs nutritionnelles par portion

325 calories

17 g de matière grasse

28 g de protéines

10 g de glucides

7 g de fibres

Salade d'avocat aux œufs sur laitue

Temps de préparation : **10 minutes***, rendement :* **2 portions**

Ingrédients

- 4 gros œufs durs refroidis et pelés
- 1 petit avocat, dénoyauté et haché
- 1 branche de céleri, coupée en dés
- 70 g d'oignon rouge coupé en dés
- 2 cuillères de jus de citron frais
- Sel et poivre
- 4 tasses de laitue romaine hachée

Préparation

Hachez grossièrement les œufs dans un bol.

Mélangez l'avocat, le céleri, l'oignon rouge et le jus de citron.

Assaisonnez avec du sel et du poivre puis servez sur de la laitue hachée.

Valeurs nutritionnelles par portion

375 calories

30 g de matière grasse

15,5 g de protéines

7 g de glucides

8 g de fibres

Roulés de poulet au bacon

Temps de préparation : **5 minutes**, *temps de cuisson* : **35 minutes**, *rendement* : **2 portions**

Ingrédients

- 6 demi-poitrines de poulet sans os et sans peau
- 6 tranches de bacon non cuit

Préparation

Préchauffez le four à 180 °C.

Pilez les poitrines de poulet avec un maillet à viande pour les aplatir.

Roulez les poitrines de poulet en deux et enveloppez chacune d'elles de bacon.

Placez les petits pains sur une plaque à pâtisserie tapissée de papier d'aluminium.

Faites cuire au four pendant 30 à 35 minutes jusqu'à ce que le poulet soit cuit et que le bacon soit croustillant.

Valeurs nutritionnelles par portion

350 calories

16 g de matière grasse

46 g de protéines

0,5 g de glucides

0 g de fibres

Soupe épicée aux crevettes et à la saucisse

Temps de préparation : **15 minutes***, temps de cuisson :* **30 minutes***, rendement :* **4 portions**

Ingrédients

- 1 cuillère d'huile d'olive
- 3 petites branches de céleri, coupées en dés
- 1 petit oignon jaune, haché
- 1 petit poivron rouge, haché
- 3 gousses d'ail émincées
- 1 cuillère de pâte de tomate
- 2 cuillères à café de paprika fumé
- ½ cuillère à café de coriandre moulue
- Sel et poivre
- 250 g de saucisson chorizo, coupé en dés
- 1 tasse de tomates en dés
- 900 ml de bouillon de poulet
- 350 g de crevettes, pelées et déveinées
- Coriandre fraîche hachée

Préparation

Faites chauffez l'huile dans une casserole épaisse à feu moyen vif. Ajoutez le céleri, l'oignon et le poivron rouge et faites sauter pendant 6 à 8 minutes jusqu'à tendreté.

Incorporez l'ail, la pâte de tomate et les assaisonnements, puis faites cuire pendant 1 minute.

Ajoutez les saucisses et les tomates et faites cuire 5 minutes.

Incorporez le bouillon, puis laissez mijoter et faites cuire à découvert pendant 20 minutes.

Ajustez l'assaisonnement au goût, puis ajoutez les crevettes.

Laissez mijoter jusqu'à ce que ce soit juste cuit, environ 3 à 4 minutes.

Versez dans des bols et servez avec de la coriandre fraîche.

Valeurs nutritionnelles par portion

465 calories

28,5 g de matière grasse

39 g de protéines

9,5 g de glucides

2 g de fibres

Bœuf Chili à la mijoteuse

Temps de préparation : **10 minutes***, temps de cuisson :* **6 heures***, rendement :* **4 portions**

Ingrédients

- 1 cuillère d'huile de noix de coco
- 1 oignon jaune moyen, haché
- 3 gousses d'ail émincées
- 450 g de bœuf haché (80 % maigre)
- 1 petit poivron rouge, haché
- 1 petit poivron vert, haché
- 1 tasse de tomates en dés
- 1 tasse de sauce tomate à faible teneur en glucides
- 1 cuillère de poudre de chili
- 2 cuillères à café d'origan séché
- 1½ cuillère de basilic séché
- Sel et poivre
- 40 g de fromage cheddar râpé
- 150 g d'oignon rouge coupé en dés

Préparation

Faites chauffez l'huile dans une poêle à feu moyen vif.

Ajoutez les oignons et faites sauter pendant 4 minutes, puis incorporez l'ail et cuire 1 minute.

Incorporez le bœuf et faites cuire jusqu'à ce qu'il soit doré, puis égouttez une partie du gras.

Versez le mélange dans une mijoteuse et ajoutez les épices.

Couvrez et laissez cuire à feu doux pendant 5 à 6 heures, puis versez dans des bols.

Servez avec du cheddar râpé et des oignons rouges coupés en dés.

Valeurs nutritionnelles par portion

395 calories

19,5 g de matière grasse

42 g de protéines

9 g de glucides

3,5 g de fibres

Dîner : Grillades, Casseroles, Pizza, Burgers, Rôtis

Saumon au pesto grillé et asperges

Temps de préparation : **5 minutes**, *temps de cuisson :* **15 minutes**, *rendement :* **4 portions**

Ingrédients

- 4 filets de saumon désossés
- Sel et poivre
- 1 bouquet d'asperges, les extrémités coupées
- 2 cuillères à soupe d'huile d'olive
- ¼ tasse de pesto au basilic

Préparation

Préchauffez un gril à feu vif et huilez les grilles.

Assaisonnez le saumon avec du sel et du poivre, puis vaporisez d'un aérosol de cuisson.

Faites griller le saumon de 4 à 5 minutes de chaque côté jusqu'à ce qu'il soit bien cuit.

Mélangez les asperges avec l'huile et faites griller jusqu'à tendreté, environ 10 minutes.

Versez le pesto sur le saumon et servez avec les asperges.

Valeurs nutritionnelles par portion

300 calories

17,5 g de matière grasse

34,5 g de protéines

1 g de glucides

1,5 g de fibres

Burgers farcis au cheddar et aux courgettes

Temps de préparation : **10 minutes**, *temps de cuisson :* **15 minutes**, *rendement :* **4 portions**

Ingrédients

- 450 g de bœuf haché (80 % maigre)
- 2 gros œufs
- 15 g de farine d'amande
- 80 g de fromage cheddar râpé
- Sel et poivre
- 2 cuillères à soupe d'huile d'olive
- 1 grosse courgette, coupée en deux et en tranches

Préparation

Mélangez le bœuf, l'œuf, la farine d'amande, le fromage, le sel et le poivre dans un bol.

Mélangez bien, puis formez quatre galettes de taille égale.

Faites chauffez l'huile dans une grande poêle à feu moyen vif.

Ajoutez les galettes de hamburger et faites cuire pendant 5 minutes jusqu'à ce qu'elles soient dorées.

Retournez les galettes et ajoutez les courgettes à la poêle en mélangeant pour bien les enrober d'huile.

Assaisonnez avec du sel et du poivre et faites cuire 5 minutes en remuant de temps en temps les courgettes.

Servez les hamburgers avec vos garnitures préférées et la courgette à part.

Valeurs nutritionnelles par portion

470 calories

29,5 g de matière grasse

47 g de protéines

3 g de glucides

1,5 g de fibres

Poulet Cordon Bleu au Chou-Fleur

Temps de préparation : **10 minutes**, *temps de cuisson :* **45 minutes**, *rendement :* **4 portions**

Ingrédients

- 4 demi-poitrines de poulet désossées
- 4 tranches de jambon
- 4 tranches de fromage suisse
- 1 gros œuf bien battu
- 60 g de couenne de porc
- 15 g de farine d'amande
- 30 g de parmesan râpé
- ½ cuillère à café de poudre d'ail
- Sel et poivre
- 2 tasses de fleurons de chou-fleur

Préparation

Préchauffez le four à 180 °C et recouvrez une plaque de cuisson de papier d'aluminium.

Placez les moitiés de poitrine de poulet entre les morceaux de parchemin et écrasez-les à plat.

Disposez les morceaux et garnissez de jambon et de fromage en tranches.

Roulez le poulet autour des fourrages, puis plongez dans l'œuf battu.

Combinez les couennes de porc, la farine d'amande, le parmesan, la poudre d'ail, le sel et le poivre dans un robot culinaire et battrez-les en fines miettes.

Roulez les rouleaux de poulet dans le mélange de couenne de porc puis déposez-les sur la plaque à pâtisserie.

Mélangez le chou-fleur avec du beurre fondu, puis ajoutez-le à la plaque à pâtisserie. Faites cuire au four pendant 45 minutes jusqu'à ce que le poulet soit bien cuit.

Valeurs nutritionnelles par portion

420 calories

23,5 g de matière grasse

45 g de protéines

4,5 g de glucides

2,5 g de fibres

Thon en croûte de sésame avec haricots verts

Temps de préparation : **15 minutes**, *temps de cuisson :* **5 minutes**, *rendement :* **4 portions**

Ingrédients

- ¼ tasse de graines de sésame blanches
- ¼ tasse de graines de sésame noires
- 4 steaks de thon
- Sel et poivre
- 1 cuillère d'huile d'olive
- 1 cuillère d'huile de noix de coco
- 250 g de haricots verts

Préparation

Combinez les deux types de graines de sésame dans un plat peu profond.

Assaisonnez le thon avec du sel et du poivre.

Draguez le thon dans le mélange de graines de sésame.

Faites chauffer l'huile d'olive dans une poêle à feu vif, puis ajoutez le thon.

Faites cuire pendant 1 à 2 minutes jusqu'à ce que les poêles soient brûlées, puis retournez-les et saisissez-les de l'autre côté.

Retirez le thon de la poêle et laissez-le reposer pendant que vous réchauffez la poêle avec de l'huile de noix de coco.

Faites frire les haricots verts dans l'huile pendant 5 minutes, puis servez-les avec du thon en tranches.

Valeurs nutritionnelles par portion

380 calories

19 g de matière grasse

44,5 g de protéines

5 g de glucides

3 g de fibres

Porc rôti au romarin avec chou-fleur

Temps de préparation : **10 minutes***, temps de cuisson :* **20 minutes***, rendement :* **4 portions**

Ingrédients

- 700 g de filet de porc désossé
- 1 cuillère d'huile de noix de coco
- 1 cuillère à soupe de romarin haché frais
- Sel et poivre
- 1 cuillère d'huile d'olive
- 2 tasses de fleurons de chou-fleur

Préparation

Frottez le porc avec de l'huile de noix de coco, puis assaisonnez avec du romarin, du sel et du poivre.

Faites chauffer l'huile d'olive dans une grande poêle à feu moyen vif.

Ajoutez le porc et cuire pendant 2 à 3 minutes de chaque côté jusqu'à ce qu'il soit doré.

Saupoudrez le chou-fleur dans la poêle autour du porc.

Réduisez le feu, puis couvrez la poêle et faites cuire de 8 à 10 minutes jusqu'à ce que le porc soit bien cuit.

Tranchez le porc et servez-le avec le chou-fleur.

Valeurs nutritionnelles par portion

300 calories

15,5 g de matière grasse

37 g de protéines

1,5 g de glucides

1,5 g de fibres

Tikka au poulet avec riz de chou-fleur

Temps de préparation : **10 minutes**, *temps de cuisson* : **6 heures**, *rendement* : **6 portions**

Ingrédients

- 900 g de cuisses de poulet désossées, hachées
- 230 ml de lait de coco
- 250 g de crème épaisse
- 3 cuillères de pâte de tomate
- 1 cuillère à soupe de gingembre râpé frais
- 1 cuillère à soupe d'ail émincé
- 1 cuillère à soupe de paprika fumé
- 2 cuillères à café de poudre d'oignon
- 1 cuillère de gomme de guar
- 1 cuillère à soupe de beurre
- 1 tasse et demie de chou-fleur

Préparation

Étalez le poulet dans une mijoteuse, puis incorporez le reste des ingrédients, à l'exception du chou-fleur et du beurre.

Couvrez et faites cuire à feu doux pendant 6 heures jusqu'à ce que le poulet soit cuit et la sauce épaissit.

Faites fondre le beurre dans une casserole à feu moyen vif.

Ajoutez le chou-fleur et laissez-le cuire pendant 6 à 8 minutes jusqu'à tendreté.

Servez le Tikka au poulet avec le riz de chou-fleur.

Valeurs nutritionnelles par portion

485 calories

32 g de matière grasse

43 g de protéines

5 g de glucides

1,5 g de fibres

Saumon grillé aux courgettes

Temps de préparation : **5 minutes**, *temps de cuisson :* **10 minutes**, *rendement :* **4 portions**

Ingrédients

- 4 filets de saumon désossés
- 1 cuillère d'huile d'olive
- Sel et poivre
- 1 grosse courgette coupée en pièces
- 2 cuillères de jus de citron frais
- ½ tasse de mangue hachée
- 20 g de coriandre fraîche hachée
- 1 cuillère de zeste de citron
- 120 ml de lait de coco

Préparation

Préchauffez une casserole à feu vif et vaporisez généreusement d'aérosol de cuisson.

Badigeonnez le saumon avec de l'huile d'olive et assaisonnez avec du sel et du poivre.

Mélangez les courgettes avec le jus de citron et assaisonnez avec du sel et du poivre.

Placez les filets de saumon et les courgettes sur la lèchefrite.

Faites cuire pendant 5 minutes, puis retournez le tout et laissez cuire encore 5 minutes.

Combinez le reste des ingrédients dans un mélangeur et mélangez à une sauce.

Servez les filets de saumon nappés de sauce à la mangue et de courgettes.

Valeurs nutritionnelles par portion

350 calories

21,5 g de matière grasse

35 g de protéines

6 g de glucides

2 g de fibres

Rôti de bœuf aux haricots verts

Temps de préparation : **10 minutes**, *temps de cuisson :* **8 heures**, *rendement :* **8 portions**

Ingrédients

- 2 branches de céleri coupées en rondelles
- 1 oignon jaune moyen, haché
- 1 rôti de bœuf désossé
- Sel et poivre
- 60 ml de bouillon de bœuf
- 2 cuillères à soupe de sauce de votre choix
- 500 g de haricots verts, parés
- 2 cuillères à soupe de beurre froid, haché

Préparation

Combinez le céleri et l'oignon dans une cocotte. Placez le rôti de bœuf sur le dessus et assaisonnez généreusement avec du sel et du poivre.

Battez ensemble le bouillon de bœuf et la sauce, puis versez-le dans la cocotte.

Couvrez et faites cuire à feu doux pendant 8 heures jusqu'à ce que le bœuf soit très tendre.

Retirez le bœuf sur une planche à découper et coupez-le en morceaux.

Remettez le bœuf dans la cocotte et ajoutez les haricots et le beurre haché.

Couvrez et faites cuire à feu élevé pendant 20 à 30 minutes jusqu'à ce que les haricots soient tendres.

Valeurs nutritionnelles par portion

375 calories

13,5 g de matière grasse

53 g de protéines

4 g de glucides

2 g de fibres

Sauté de bœuf au brocoli

Temps de préparation : **20 minutes**, *temps de cuisson :* **15 minutes**, *rendement :* **4 portions**

Ingrédients

- 50 ml de sauce de soja
- 1 cuillère d'huile de sésame
- 1 cuillère à café de pâte de chili à l'ail
- 450 g de bœuf
- 2 cuillères de farine d'amande
- 2 cuillères d'huile de noix de coco
- 2 tasses de brocoli haché
- 1 cuillère à soupe de gingembre râpé
- 3 gousses d'ail émincées

Préparation

Fouettez ensemble la sauce de soja, l'huile de sésame et la pâte de chili dans un petit bol.

Tranchez le bœuf et mélangez-le avec de la farine d'amande, puis placez-le dans un sac de congélation en plastique.

Versez la sauce et remuez pour bien enrober, puis laissez reposer pendant 20 minutes.

Faites chauffer l'huile, à feu moyen vif, dans une grande poêle.

Versez le bœuf et la sauce dans la poêle et faites cuire jusqu'à ce que le bœuf soit bruni.

Poussez le bœuf sur les côtés de la poêle et ajoutez le brocoli, le gingembre et l'ail.

Faites sauter jusqu'à ce que le brocoli soit tendre et croustillant, puis mélangez le tout et servez chaud.

Valeurs nutritionnelles par portion

350 calories

19 g de matière grasse

37,5 g de protéines

4,5 g de glucides

2 g de fibres

Casserole de bœuf et de bacon

Temps de préparation : **25 minutes**, *temps de cuisson :* **30 minutes**, *rendement :* **8 portions**

Ingrédients

- 8 tranches de bacon non cuit
- 1 chou-fleur à tête moyenne, haché
- 60 ml de lait de coco
- Sel et poivre
- 900 g de bœuf haché (80 % maigre)
- 250 g de champignons, tranchés
- 1 gros oignon jaune, haché
- 2 gousses d'ail émincées

Préparation

Préchauffez le four à 190 °C.

Faites cuire le bacon dans une poêle jusqu'à ce qu'il soit croustillant, puis égouttez-le sur du papier absorbant et hachez-le.

Faites bouillir une casserole d'eau salée, puis ajoutez le chou-fleur. Faites bouillir pendant 6 à 8 minutes jusqu'à tendreté, puis égouttez-le et ajoutez-le au robot culinaire avec le lait de coco.

Mixez le mélange jusqu'à consistance lisse, puis assaisonnez avec du sel et du poivre.

Faites cuire le bœuf dans une poêle jusqu'à ce qu'il soit doré, puis égouttez-le.

Incorporez les champignons, l'oignon et l'ail, puis transférez dans un plat à four.

Étalez le mélange de chou-fleur sur le dessus et faites cuire au four pendant 30 minutes.

Faites griller à feu vif pendant 5 minutes, puis saupoudrez de bacon.

Valeurs nutritionnelles par portion

410 calories

25,5 g de matière grasse

37 g de protéines

4,5 g de glucides

3 g de fibres

Ailes de poulet au sésame avec chou-fleur

Temps de préparation : **5 minutes***, temps de cuisson :* **30 minutes***, rendement :* **4 portions**

Ingrédients

- 2½ cuillères à soupe de sauce soja
- 2 cuillères à soupe d'huile de sésame
- 1½ cuillère de vinaigre balsamique
- 1 cuillère à café d'ail émincé
- 1 cuillère à café de gingembre râpé
- Sel
- 450 g d'ailes de poulet
- 2 tasses de fleurons de chou-fleur

Préparation

Combinez la sauce soja, l'huile de sésame, le vinaigre balsamique, l'ail, le gingembre et le sel dans un sac à congélateur, puis ajoutez les ailes de poulet.

Remuez pour enrober, puis laissez refroidir pendant 2 à 3 heures.

Préchauffez le four à 200 °C et recouvrez une plaque de cuisson de papier d'aluminium.

Étalez les ailes sur la plaque avec le chou-fleur.

Faites cuire au four pendant 35 minutes, puis saupoudrez de graines de sésame.

Valeurs nutritionnelles par portion

400 calories

28,5 g de matière grasse

31,5 g de protéines

2,5 g de glucides

1,5 g de fibres

Crevettes frites à la noix de coco avec asperges

Temps de préparation : **15 minutes**, *temps de cuisson :* **10 minutes**, *rendement :* **6 portions**

Ingrédients

- 250 g de noix de coco râpée
- 2 gros œufs
- Sel et poivre
- 700 g de grosses crevettes décortiquées et déveinées
- 120 ml de lait de coco
- 450 g d'asperges, coupées en morceaux

Préparation

Versez la noix de coco dans un plat peu profond.

Battez les œufs avec du sel et du poivre dans un bol.

Trempez d'abord les crevettes dans l'œuf, puis draguez avec de la noix de coco.

Faites chauffer l'huile de noix de coco dans une grande poêle à feu moyen vif.

Ajoutez les crevettes et faites-les frire pendant 1 à 2 minutes de chaque côté jusqu'à ce qu'elles soient dorées.

Enlevez les crevettes sur du papier absorbant et réchauffez la poêle.

Ajoutez les asperges et assaisonnez avec le sel et le poivre — faites sauter jusqu'à ce qu'elles soient tendres, puis servez avec les crevettes.

Valeurs nutritionnelles par portion

535 calories

38,5 g de matière grasse

29,5 g de protéines

8 g de glucides

10 g de fibres

Poulet au curry et à la noix de coco

Temps de préparation : **15 minutes***, temps de cuisson :* **30 minutes***, rendement :* **6 portions**

Ingrédients

- 1 cuillère d'huile d'olive
- 1 oignon jaune moyen, haché
- 700 g de cuisses de poulet désossées, hachées
- Sel et poivre
- 1 boîte de lait de coco
- 1 cuillère de curry en poudre
- 1¼ cuillère à café de curcuma moulu
- 3 tasses de riz de chou-fleur

Préparation

Faites chauffez l'huile dans une grande poêle à feu moyen.

Ajoutez les oignons et faites cuire jusqu'à ce qu'ils deviennent translucides, environ 5 minutes.

Incorporez le poulet et assaisonnez avec le sel et le poivre. Faites cuire de 6 à 8 minutes, en remuant souvent, jusqu'à ce qu'ils soient dorés de tous les côtés.

Versez le lait de coco dans la poêle, puis ajoutez le curry et le curcuma.

Laissez mijoter pendant 15 à 20 minutes jusqu'à ce que le mélange soit chaud et bouillonnant.

Pendant ce temps, faites cuire à la vapeur le riz chou-fleur avec quelques cuillères à soupe d'eau jusqu'à tendreté.

Servez le curry sur le riz au chou-fleur.

Valeurs nutritionnelles par portion

430 calories

29 g de matière grasse

33,5 g de protéines

5,5 g de glucides

3,5 g de fibres

Casserole de poulet au brocoli et au cheddar

Temps de préparation : **15 minutes**, *temps de cuisson :* **30 minutes**, *rendement :* **6 portions**

Ingrédients

- 2 cuillères à soupe d'huile d'olive
- 450 g de cuisses de poulet désossées, hachées
- 1 oignon jaune moyen, haché
- 1 gousse d'ail émincée
- 350 ml de bouillon de poulet
- 250 g de fromage à la crème
- 60 g de crème aigre (crème acide)
- 300 g de fleurons de brocoli
- 60 g de fromage cheddar blanc râpé

Préparation

Préchauffez le four à 180 °C et graissez un plat à gratin.

Faites chauffer l'huile dans une grande poêle à feu moyen vif.

Ajoutez le poulet et faites cuire pendant 2 à 3 minutes de chaque côté.

Incorporez l'oignon et l'ail, puis assaisonnez avec du sel et du poivre.

Faire sauter pendant 4 à 5 minutes jusqu'à ce que le poulet soit bien cuit.

Versez le bouillon de poulet, puis ajoutez le fromage à la crème et la crème acide.

Laissez mijoter jusqu'à ce que le fromage à la crème soit fondu, puis incorporez le brocoli.

Étalez le mélange dans le plat à gratin et saupoudrez de fromage.

Faites cuire au four pendant 25 à 30 minutes jusqu'à ce qu'il soit chaud et bouillonnant.

Valeurs nutritionnelles par portion

435 calories

32 g de matière grasse

29,5 g de protéines

4,5 g de glucides

1,5 g de fibres

Poivrons farcis à la saucisse

Temps de préparation : **15 minutes***, temps de cuisson :* **45 minutes***, rendement :* **4 portions**

Ingrédients

- 1 chou-fleur à tête moyenne, haché
- 1 cuillère d'huile d'olive
- 350 g saucisses italiennes moulues
- 1 petit oignon jaune, haché
- 1 cuillère à café d'origan séché
- Sel et poivre
- 4 poivrons moyens

Préparation

Préchauffez le four à 180 °C.

Pulsez le chou-fleur dans un robot culinaire en grains ressemblant à du riz.

Faites chauffer l'huile dans une poêle à feu moyen, puis ajoutez le chou-fleur - faites cuire pendant 6 à 8 minutes jusqu'à tendreté.

Versez le riz de chou-fleur dans un bol, puis réchauffez le poêlon.

Ajoutez les saucisses et faites cuire jusqu'à ce qu'elles soient dorées, puis égouttez-les.

Incorporez la saucisse dans le chou-fleur, puis ajoutez l'oignon, l'origan, le sel et le poivre.

Coupez les poivrons en morceaux, retirez les pépins et la moelle, puis versez-y le mélange de saucisses.

Placez les poivrons à la verticale dans un plat allant au four, puis couvrez le plat de papier d'aluminium.

Faites cuire au four pendant 30 minutes, puis découvrez et laissez cuire au four 15 minutes de plus. Servez chaud.

Valeurs nutritionnelles par portion

355 calories

23,5 g de matière grasse

19 g de protéines

10,5 g de glucides

6 g de fibres

Casserole de cheddar, saucisse et champignons

Temps de préparation : **15 minutes**, *temps de cuisson :* **35 minutes**, *rendement :* **6 portions**

Ingrédients

- 450 g de saucisse italienne hachée
- 250 g de champignons, coupés en dés
- 1 gros oignon jaune, haché
- 80 g de fromage cheddar râpé
- 8 gros œufs
- 120 g de crème épaisse
- Sel et poivre

Préparation

Préchauffez le four à 190 °C et graissez un plat à four.

Faites chauffer la saucisse dans une grande poêle à feu moyen élevé.

Faites cuire les saucisses jusqu'à ce qu'elles soient dorées, puis ajoutez les champignons et les oignons.

Faites cuire pendant 4 à 5 minutes puis étendre dans le plat de cuisson.

Saupoudrez le plat de fromage puis fouettez ensemble le reste des ingrédients dans un bol séparé.

Versez le mélange dans le plat puis faites cuire au four pendant 35 minutes jusqu'à l'obtention d'un barbotage.

Valeurs nutritionnelles par portion

450 calories

34 g de matière grasse

28 g de protéines

5 g de glucides

1 g de fibres

Pizza des amoureux de viande

Temps de préparation : **20 minutes***, temps de cuisson :* **20 minutes***, rendement :* **2 portions**

Ingrédients

- 1 cuillère à soupe de beurre
- 2 tasses de chou-fleur
- Sel et poivre
- 120 g de fromage mozzarella râpé, divisé en 80 g et 40 g
- 80 g de parmesan râpé frais
- 1 cuillère à café de poudre d'ail
- 1 grand blanc d'œuf
- 1 cuillère d'assaisonnement italien séché
- 60 ml de sauce tomate à faible teneur en glucides
- 60 g de pepperoni en tranches
- 30 g de jambon coupé en dés
- 2 tranches de bacon cuites et émiettées

Préparation

Préchauffez le four à 200 °C et recouvrez une plaque à pâtisserie de papier cuisson.

Faites chauffer le beurre dans une poêle à feu moyen élevé et ajoutez le chou-fleur. Assaisonnez avec du sel et du poivre, puis couvrez et faites cuire pendant 15 minutes en remuant de temps en temps jusqu'à ce qu'ils soient très tendres.

Versez le chou-fleur dans un bol et incorporez ½ tasse de mozzarella avec le parmesan et la poudre d'ail. Incorporez le blanc d'œuf et l'assaisonnement à italien, puis versez sur la plaque à pâtisserie.

Façonnez la pâte en un cercle d'environ un centimètre d'épaisseur, puis faites cuire pendant 15 minutes.

Garnissez de sauce tomate, avec le reste de la mozzarella et le pepperoni, le bacon et le jambon. Faites griller le fromage jusqu'à ce qu'il soit doré, puis coupez la pizza en tranches et servez-la.

Valeurs nutritionnelles par portion

560 calories

40,5 g de matière grasse

41 g de protéines

8 g de glucides

3 g de fibres

Bœuf bourguignon à la mijoteuse

Temps de préparation : **15 minutes**, *temps de cuisson :* **4 heures**, *rendement :* **8 portions**

Ingrédients

- 2 cuillères à soupe d'huile d'olive
- 900 g de rôti de bœuf désossé, coupé en morceaux
- Sel et poivre
- 15 g de farine d'amande
- 120 ml de bouillon de bœuf
- 2 tasses de vin rouge
- 2 cuillères de pâte de tomate
- 450 g de champignons, tranchés
- 1 gros oignon jaune, coupé en morceaux

Préparation

Faites chauffer l'huile dans une grande poêle à feu moyen vif.

Assaisonnez le bœuf avec du sel et du poivre, puis mélangez-le avec de la farine d'amande.

Ajoutez le bœuf dans la poêle et faites cuire jusqu'à ce qu'il soit doré de tous les côtés, puis transférez dans une mijoteuse.

Réchauffez la poêle à feu moyen vif, puis versez le bouillon.

Grattez les morceaux dorés, puis incorporez le vin et la pâte de tomates.

Portez à ébullition, puis versez-le dans la cocotte.

Ajoutez les champignons et l'oignon, puis mélangez le tout.

Couvrez et laissez cuire à feu doux pendant 4 heures jusqu'à ce que la viande soit très tendre. Servez chaud.

Valeurs nutritionnelles par portion

335 calories

12,5 g de matière grasse

37,5 g de protéines

5 g de glucides

1,5 g de fibres

Ribeye au poivre grillé et aux asperges

Temps de préparation : **5 minutes**, *temps de cuisson* : **15 minutes**, *rendement* : **4 portions**

Ingrédients

- 450 g d'asperges, parées
- 2 cuillères à soupe d'huile d'olive
- Sel et poivre
- 450 g de steak ribeye
- 1 cuillère d'huile de noix de coco

Préparation

Préchauffez le four à 200 °C et recouvrez une petite plaque de cuisson de papier d'aluminium.

Mélangez les asperges avec de l'huile d'olive et étalez-les sur la plaque à pâtisserie.

Assaisonnez avec du sel et du poivre puis mettez-les au four.

Frottez le steak avec le poivre et assaisonnez-le avec du sel.

Faites fondre l'huile de noix de coco dans une poêle en fonte et faites chauffer à feu vif.

Ajoutez le steak et laissez-le cuire pendant 2 minutes, puis retournez-le.

Transférez la poêle au four et laissez cuire pendant 5 minutes ou jusqu'à ce que le steak soit cuit au niveau souhaité.

Tranchez le steak et servez avec les asperges grillées.

Valeurs nutritionnelles par portion

380 calories

25 g de matière grasse

35 g de protéines

2 g de glucides

2,5 g de fibres

Filet de porc au chou-fleur et au bacon

Temps de préparation : **10 minutes**, *temps de cuisson :* **25 minutes**, *rendement :* **4 portions**

Ingrédients

- 600 g de filet de porc désossé
- Sel et poivre
- 8 tranches de bacon non cuit
- 1 cuillère d'huile d'olive
- 2 tasses de fleurons de chou-fleur

Préparation

Préchauffez le four à 220 °C et assaisonnez le porc avec du sel et du poivre.

Enveloppez le porc dans du bacon et placez-le sur une lèchefrite.

Faites rôtir pendant 25 minutes jusqu'à ce que la température interne atteigne 70 °C.

Pendant ce temps, faites chauffer l'huile dans une poêle à feu moyen.

Ajoutez le chou-fleur et faites sauter jusqu'à tendreté croustillante - environ 8 à 10 minutes.

Allumez le gril et placez le porc sous le bacon.

Tranchez le porc pour servir avec le chou-fleur sauté.

Valeurs nutritionnelles par portion

330 calories

18,5 g de matière grasse

38 g de protéines

1,5 g de glucides

1,5 g de fibres

Brochettes de bœuf aux poivrons et oignons

Temps de préparation : **10 minutes***, temps de cuisson :* **25 minutes***, rendement :* **4 portions**

Ingrédients

- 450 g de viande de bœuf, coupée en cubes
- 60 ml d'huile d'olive
- 2 cuillères de vinaigre balsamique
- Sel et poivre
- 1 oignon jaune moyen, coupé en morceaux
- 1 poivron rouge moyen, coupé en morceaux
- 1 poivron vert moyen, coupé en morceaux

Préparation

Mélangez les cubes de steak avec l'huile d'olive, le vinaigre balsamique, le sel et le poivre.

Faites glisser les cubes de viande sur les brochettes avec les poivrons et les oignons.

Préchauffez un gril à feu vif et huilez les grilles.

Faites griller les brochettes de 2 à 3 minutes de chaque côté jusqu'à ce que le mélange soit bien cuit.

Valeurs nutritionnelles par portion

350 calories

20 g de matière grasse

35 g de protéines

5 g de glucides

1,5 g de fibres

Côtelettes d'agneau poêlées aux asperges

Temps de préparation : **5 minutes***, temps de cuisson :* **15 minutes***, rendement :* **4 portions**

Ingrédients

- 8 côtelettes d'agneau avec os
- Sel et poivre
- 1 cuillère à soupe de romarin haché frais
- 1 cuillère d'huile d'olive
- 1 cuillère à soupe de beurre
- 16 lances d'asperges, coupées en morceaux

Préparation

Assaisonnez l'agneau avec du sel et du poivre, puis saupoudrez de romarin.

Faites chauffer l'huile dans une grande poêle à feu moyen vif.

Ajoutez les côtelettes d'agneau et faites cuire pendant 2 à 3 minutes de chaque côté.

Retirez les côtelettes et faites réchauffer la poêle avec le beurre.

Ajoutez les asperges et retournez-les pour les bien couvrir puis couvrez la poêle.

Faites cuire de 4 à 6 minutes jusqu'à ce qu'ils soient tendres et servez avec l'agneau.

Valeurs nutritionnelles par portion

380 calories

18,5 g de matière grasse

48 g de protéines

2 g de glucides

2,5 g de fibres

Brochettes de poulet au citron avec légumes

Temps de préparation : **10 minutes***, temps de cuisson :* **15 minutes***, rendement :* **4 portions**

Ingrédients

- 450 g de cuisses de poulet désossées, coupées en cubes
- 60 ml d'huile d'olive
- 2 cuillères de jus de citron
- 1 cuillère à café d'ail émincé
- Sel et poivre
- 1 gros oignon jaune, coupé en morceaux
- 1 gros poivron rouge, coupé en morceaux
- 1 gros poivron vert, coupé en morceaux

Préparation

Mélangez le poulet avec l'huile d'olive, le jus de citron, l'ail, le sel et le poivre.

Faites glisser le poulet sur les brochettes avec l'oignon et les poivrons.

Préchauffez le gril à feu moyen vif et huilez les grilles.

Faites griller les brochettes de 2 à 3 minutes de chaque côté jusqu'à ce que le poulet soit cuit.

Valeurs nutritionnelles par portion

360 calories

21 g de matière grasse

34 g de protéines

6 g de glucides

2 g de fibres

Saumon balsamique aux haricots verts

Temps de préparation : **15 minutes**, *temps de cuisson* : **10 minutes**, *rendement* : **4 portions**

Ingrédients

- 120 ml de vinaigre balsamique
- 60 ml de bouillon de poulet
- 1 cuillère de moutarde de Dijon
- 2 gousses d'ail émincées
- 2 cuillères d'huile de noix de coco
- 4 filets de saumon
- Sel et poivre
- 500 g de haricots verts parés

Préparation

Mélangez le vinaigre balsamique, le bouillon de poulet, la moutarde et l'ail dans une petite casserole à feu moyen élevé.

Amenez à ébullition puis réduisez le feu et laissez mijoter pendant 15 minutes pour réduire de moitié.

Faites chauffer l'huile de noix de coco dans une grande poêle à feu moyen vif.

Assaisonnez le saumon avec du sel et du poivre puis ajoutez-le à la poêle.

Faites cuire pendant 4 minutes, puis retournez-le et ajoutez les haricots verts.

Versez le glaçage dans la poêle et laissez mijoter 2 à 3 minutes jusqu'à cuisson complète.

Valeurs nutritionnelles par portion

320 calories

18 g de matière grasse

35 g de protéines

4 g de glucides

2 g de fibres

Bombes de gras, Snacks et Desserts

Amandes épicées à la citrouille

Temps de préparation : **5 minutes***, temps de cuisson :* **25 minutes***, rendement :* **4 portions**

Ingrédients

- 1 cuillère d'huile d'olive
- 1¼ cuillère à café d'épices à tarte à la citrouille
- 1 pincée de sel
- 450 g d'amandes entières, crues

Préparation

Préchauffez le four à 150 °C et recouvrez une plaque à pâtisserie de papier cuisson.

Battez ensemble l'huile d'olive, les épices à tarte à la citrouille et le sel dans un bol à mélanger.

Incorporez les amandes jusqu'à ce qu'elles soient bien enrobées, puis étendre sur la plaque à pâtisserie.

Faites cuire au four pendant 25 minutes, puis laissez refroidir complètement et conservez dans un récipient hermétique.

Valeurs nutritionnelles par portion

170 calories

15,5 g de matière grasse

5 g de protéines

2,5 g de glucides

3 g de fibres

Bombes de gras à la noix de coco

Temps de préparation : **5 minutes**, *rendement* : **16 portions**

Ingrédients

- 230 ml d'huile de noix de coco
- 220 g de beurre d'amande lisse
- 40 g de poudre de cacao
- 20 g de farine de noix de coco
- 16 noix de macadamia entières, crues

Préparation

Faites fondre l'huile de noix de coco et le beurre de cajou dans une petite casserole.

Ajoutez la poudre de cacao et la farine de noix de coco.

Retirez du feu et laissez refroidir jusqu'à ce qu'il durcisse légèrement.

Divisez le mélange en 16 morceaux égaux.

Roulez chaque morceau en boule autour d'une noix de macadamia et laissez refroidir jusqu'au moment de manger.

Valeurs nutritionnelles par portion

255 calories

25,5 g de matière grasse

3,5 g de protéines

4 g de glucides

3 g de fibres

Trempette tzatziki au chou-fleur

Temps de préparation : **10 minutes**, *rendement :* **6 portions**

Ingrédients

- 250 g de fromage à la crème
- 250 g de crème aigre (crème acide)
- 1 cuillère à soupe d'assaisonnement ranch
- 1 concombre anglais, coupé en dés
- 2 cuillères à soupe de ciboulette hachée
- 2 tasses de fleurons de chou-fleur

Préparation

Battez le fromage à la crème au batteur électrique jusqu'à l'obtention d'un mélange crémeux.

Ajoutez la crème et l'assaisonnement ranch, puis battez jusqu'à consistance lisse.

Incorporez les concombres et la ciboulette, puis laissez-les refroidir avant de les servir avec les fleurons de chou-fleur.

Valeurs nutritionnelles par portion

125 calories

10,5 g de matière grasse

3 g de protéines

4,5 g de glucides

1 g de fibres

Bouchées cheeseburger au bacon

Temps de préparation : **5 minutes**, *temps de cuisson :* **60 minutes**, *rendement :* **6 portions**

Ingrédients

- 350 g de bœuf haché (80 % maigre)
- 150 g d'oignon jaune coupé en dés
- ½ cuillère à café de poudre d'ail
- Sel et poivre
- 12 tranches de bacon non cuit

Préparation

Préchauffez le four à 180 °C et recouvrez une plaque de cuisson de papier d'aluminium.

Mélangez le bœuf haché avec l'oignon, la poudre d'ail, le sel et le poivre.

Façonnez le mélange en douze boules.

Enveloppez chaque boule dans une tranche de bacon et placez-la sur la plaque à pâtisserie.

Faites cuire au four de 50 à 60 minutes jusqu'à ce que le bœuf soit cuit et que le bacon soit croustillant.

Valeurs nutritionnelles par portion

215 calories

11,5 g de matière grasse

24,5 g de protéines

1 g de glucides

0,5 g de fibres

Noix de macadamia rôties au curry

Temps de préparation : **5 minutes**, *temps de cuisson :* **25 minutes**, *rendement :* **8 portions**

Ingrédients

- 1½ cuillère d'huile d'olive
- 1 cuillère de curry en poudre
- ½ cuillère à café de sel
- 2 tasses de noix de macadamia, crues

Préparation

Préchauffez le four à 150 °C et recouvrez une plaque à pâtisserie de papier cuisson.

Fouettez ensemble l'huile d'olive, la poudre de cari et le sel dans un bol à mélanger.

Incorporez les noix de macadamia à enrober, puis étendez-les sur la plaque à pâtisserie.

Faites cuire au four pendant 25 minutes, puis laissez refroidir à la température ambiante.

Valeurs nutritionnelles par portion

265 calories

28 g de matière grasse

3 g de protéines

2 g de glucides

3 g de fibres

Bombe de gras au sésame et aux amandes

Temps de préparation : **5 minutes**, *rendement :* **16 portions**

Ingrédients

- 230 ml d'huile de noix de coco
- 220 g de beurre d'amande lisse
- 40 g de poudre de cacao
- 15 g de farine d'amande
- ½ tasse de graines de sésame grillées

Préparation

Combinez l'huile de noix de coco et le beurre d'amande dans une petite casserole.

Faites cuire à feu doux jusqu'à ce qu'il soit fondu, puis incorporez le cacao en poudre et la farine d'amande.

Retirez du feu et laissez refroidir jusqu'à ce qu'il durcisse légèrement.

Divisez le mélange en 16 morceaux égaux et roulez-les en boules.

Roulez les boulettes dans les graines de sésame grillées et laissez-les refroidir jusqu'au moment de les manger.

Valeurs nutritionnelles par portion

260 calories

26 g de matière grasse

4 g de protéines

4 g de glucides

2 g de fibres

Pudding de chia à la noix de coco

Temps de préparation : **5 minutes**, *rendement :* **6 portions**

Ingrédients

- 700 ml de lait de coco
- 1 cuillère d'extrait de vanille
- 1 pincée de sel
- ½ tasse de graines de chia

Préparation

Combinez le lait de coco, la vanille et le sel dans un bol. Mélangez bien.

Ajoutez les graines de chia et fouettez.

Versez dans des bols et servez avec des noix ou des fruits hachés.

Valeurs nutritionnelles par portion

300 calories

27,5 g de matière grasse

6 g de protéines

4,5 g de glucides

10 g de fibres

Brownies au chocolat et beurre d'amande

Temps de préparation : **15 minutes***, temps de cuisson :* **30 minutes***, rendement :* **16 portions**

Ingrédients

- 60 g de farine d'amande
- 60 g de poudre de cacao
- 80 g de noix de coco râpée
- ½ cuillère de bicarbonate de soude
- 230 ml d'huile de noix de coco
- 115 ml de lait de coco
- 2 gros œufs
- 50 g de beurre d'amande

Préparation

Préchauffez le four à 180 °C et recouvrez un plat carré de papier d'aluminium.

Dans un bol, mélangez la farine d'amande, la poudre de cacao, la noix de coco et le bicarbonate de soude.

Dans un autre bol, battez ensemble l'huile de noix de coco, le lait de coco et les œufs.

Incorporez les ingrédients humides dans le sec jusqu'à ce qu'ils soient bien combinés, puis étalez-les dans la casserole.

Faites fondre le beurre d'amande à la micro-onde jusqu'à ce qu'il soit crémeux.

Arrosez de la pâte au chocolat, puis agitez doucement avec un couteau.

Faites cuire au four pendant 25 à 30 minutes jusqu'à ce que le centre soit pris, puis laissez refroidir complètement, puis coupez le brownie en 16 morceaux égaux.

Valeurs nutritionnelles par portion

200 calories

21 g de matière grasse

3 g de protéines

2 g de glucides

2,5 g de fibres

Bombe de gras au chocolat et aux amandes

Temps de préparation : **10 minutes***, rendement :* **12 portions**

Ingrédients

- 110 g de beurre d'amande
- 6 cuillères d'huile de noix de coco, divisée
- 1 cuillère d'extrait de vanille
- 120 g de chocolat noir à 90 %, haché
- 30 g d'amandes grillées, finement hachées

Préparation

Faites fondre le beurre d'amande et 2 cuillères d'huile de noix de coco dans un bol.

Incorporez l'extrait de vanille.

Divisez le mélange dans 12 moules en silicone et laissez refroidir jusqu'à ce que le mélange soit pris.

Faites fondre le reste de l'huile de noix de coco avec le chocolat noir et remuez jusqu'à ce que ce soit lisse.

Versez dans les moules en silicone sur la couche de beurre d'amande. Saupoudrez-les d'amandes hachées et laissez-les refroidir.

Sortez les grosses bombes des moules et rangez-les dans un récipient hermétique au réfrigérateur.

Valeurs nutritionnelles par portion

160 calories

16,5 g de matière grasse

2,5 g de protéines

2,5 g de glucides

1,5 g de fibres

Bombe de gras à la coco-chia

Temps de préparation : **10 minutes**, *rendement :* **12 portions**

Ingrédients

- 110 g de beurre de coco
- 6 cuillères d'huile de noix de coco, divisée
- 2 cuillères de graines de chia
- ½ cuillère d'extrait de noix de coco
- 120 g de chocolat noir à 90 %, haché

Préparation

Faites fondre le beurre de coco et 2 cuillères d'huile de noix de coco dans un bol.

Incorporez les graines de chia et l'extrait de noix de coco.

Divisez le mélange dans 12 moules en silicone et laissez refroidir jusqu'à ce que le mélange soit pris.

Faites fondre le reste de l'huile de noix de coco avec le chocolat noir et remuez jusqu'à ce que ce soit lisse.

Versez dans les moules en silicone sur la couche solide et laissez refroidir jusqu'à ce qu'il soit solide.

Sortez les bombes des moules et rangez-les dans un récipient hermétique au réfrigérateur.

Valeurs nutritionnelles par portion

215 calories

21,5 g de matière grasse

2 g de protéines

2 g de glucides

4,5 g de fibres

Pain rapide à la cannelle

Temps de préparation : **10 minutes**, *temps de cuisson :* **30 minutes**, *rendement :* **8 portions**

Ingrédients

- 40 g farine de noix de coco
- 1¼ cuillère de cannelle moulue
- 1 cuillère de bicarbonate de soude
- ¼ cuillère à café de levure chimique
- 1 pincée de sel
- 6 cuillères à soupe de lait de coco
- 3 cuillères à soupe d'huile de coco fondue
- 2 cuillères à soupe d'eau
- 1 cuillère de vinaigre de cidre
- 3 gros œufs battus

Préparation

Préchauffez le four à 180 °C et graissez un moule à pain.

Dans un bol, mélangez la farine de noix de coco, la cannelle, le bicarbonate de soude, la poudre à pâte et le sel.

Dans un autre bol, mélangez le lait de coco, l'huile, l'eau, le vinaigre et les œufs.

Incorporez les ingrédients humides au sec.

Étalez la pâte dans le moule et laissez-la cuire pendant 25 à 30 minutes, puis laissez-la refroidir.

Valeurs nutritionnelles par portion

160 calories

12 g de matière grasse

4,5 g de protéines

3,5 g de glucides

5,5 g de fibres

Biscuits au citron

Temps de préparation : **10 minutes**, *temps de cuisson :* **60 minutes**, *rendement :* **8 portions**

Ingrédients

- 4 gros blancs d'œufs
- 1 pincée de sel
- 1 cuillère d'extrait de citron

Préparation

Préchauffez le four à 110 °C et recouvrez une plaque à pâtisserie de papier cuisson.

Battez les blancs d'œufs dans un bol jusqu'à la formation de pics mous.

Ajoutez le sel, puis battez jusqu'à formation de pics fermes.

Incorporez l'extrait de citron, puis versez dans une poche à douille.

Étalez le mélange sur la plaque à pâtisserie en petites rondes.

Faites cuire au four pendant 50 à 60 minutes jusqu'à ce qu'il soit sec, puis ouvrez la porte du four et laissez refroidir pendant 20 minutes.

Valeurs nutritionnelles par portion

10 calories

0 g de matière grasse

2 g de protéines

0 g de glucides

0 g de fibres

Petits gâteaux à la farine d'amandes

Temps de préparation : **10 minutes**, *temps de cuisson :* **25 minutes**, *rendement :* **12 portions**

Ingrédients

- 75 g de farine d'amande
- ¾ tasse d'érythritol en poudre
- 1 cuillère à soupe de levure chimique
- ¼ de cuillère de sel
- 75 ml d'huile de noix de coco
- 3 gros œufs
- 2 cuillères à café d'extrait de vanille

Préparation

Préchauffez le four à 180 °C et recouvrez un moule à muffins de doublures en papier.

Dans un bol, mélangez la farine d'amande, l'érythritol, la poudre à pâte et le sel.

Battez ensemble l'huile de noix de coco, les œufs et la vanille dans un autre bol.

Combinez les deux mélanges et remuez jusqu'à ce que tout soit bien combiné.

Versez la pâte dans le moule préparé et faites-la cuire au four pendant 22 à 25 minutes.

Laissez les petits gâteaux refroidir pendant 5 minutes dans la casserole, puis laissez-les refroidir complètement.

Valeurs nutritionnelles par portion

260 calories

26 g de matière grasse

6 g de protéines

3 g de glucides

2 g de fibres

Macarons à la noix de coco

Temps de préparation : **10 minutes**, *temps de cuisson :* **10 minutes**, *rendement :* **10 portions**

Ingrédients

- 80 g de noix de coco râpée
- 15 g de farine d'amande
- 2 cuillères à soupe d'érythritol en poudre
- 1 cuillère d'huile de noix de coco
- 1 cuillère d'extrait de vanille
- ½ cuillère d'extrait de noix de coco
- 3 gros blancs d'œufs

Préparation

Préchauffez le four à 200 °C et recouvrez une plaque à pâtisserie de papier cuisson.

Combinez la farine d'amande, la noix de coco et l'érythritol dans un bol.

Dans un autre bol, faites fondre l'huile de noix de coco, puis incorporez les extraits.

Mélangez les deux mélanges jusqu'à ce qu'ils soient bien mélangés.

Battez les blancs d'œufs dans un bol jusqu'à la formation de pics fermes, puis incorporez-les à la pâte.

Versez sur la plaque de cuisson dans des monticules de taille égale.

Faites cuire pendant 7 à 9 minutes jusqu'à ce que les biscuits soient dorés sur les bords.

Valeurs nutritionnelles par portion

105 calories

9 g de matière grasse

2,5 g de protéines

1 g de glucides

2 g de fibres

Glace à la vanille et au lait de coco

Temps de préparation : **10 minutes***, temps de cuisson :* **30 minutes***, rendement :* **6 portions**

Ingrédients

- 1 cuillère d'huile de noix de coco
- 2 tasses de lait de coco, divisée
- 1 cuillère d'extrait de vanille

Préparation

Faites fondre l'huile de coco dans une casserole, puis incorporez la moitié du lait de coco en fouettant. Portez à ébullition, puis réduisez le feu et laissez mijoter pendant 30 minutes.

Versez dans un bol, puis laissez refroidir à la température ambiante.

Incorporez l'extrait de vanille, puis versez le reste du lait de coco dans un bol.

Battez le lait de coco jusqu'à formation de pics fermes, puis incorporez à l'autre mélange. Versez-le dans un moule à pain et congelez-le jusqu'à consistance ferme.

Valeurs nutritionnelles par portion

205 calories

21 g de matière grasse

2 g de protéines

2,5 g de glucides

2 g de fibres

Biscuits croquants au gingembre

Temps de préparation : **10 minutes**, *temps de cuisson :* **15 minutes**, *rendement :* **16 portions**

Ingrédients

- 220 g de beurre de noix de coco
- 1 œuf
- 1 cuillère d'extrait de vanille
- ½ tasse d'érythritol en poudre
- ½ cuillère à café de gingembre moulu
- ½ cuillère de bicarbonate de soude
- ¼ de cuillère de noix de muscade moulue
- 1 pincée de sel

Préparation

Préchauffez le four à 180 °C et recouvrez une plaque à pâtisserie de papier cuisson.

Placez le beurre de coco dans un robot culinaire avec l'œuf et la vanille.

Mélangez bien, puis ajoutez l'érythritol, le gingembre, le bicarbonate de soude, la noix de muscade et le sel.

Pulsez jusqu'à l'obtention d'une pâte, puis formez 16 petites boules.

Placez les boules sur la plaque de cuisson et aplatissez-les légèrement.

Faites cuire au four pendant 12 à 15 minutes jusqu'à ce que les bords soient dorés.

Valeurs nutritionnelles par portion

190 calories

18 g de matière grasse

2,5 g de protéines

2 g de glucides

5 g de fibres

Flan à la vanille et noix de coco

Temps de préparation : **10 minutes**, *temps de cuisson* : **60 minutes**, *rendement* : **4 portions**

Ingrédients

- 120 g de crème épaisse
- 120 ml de lait entier
- ¼ tasse d'érythritol en poudre
- 1 cuillère à soupe de beurre
- 2 gros œufs
- 400 g de lait de coco
- 3 cuillères à soupe de noix de coco râpée
- 1 cuillère d'extrait de vanille

Préparation

Battez ensemble la crème épaisse, le lait et l'érythritol dans une casserole, puis amenez à ébullition.

Faites cuire à feu mi-doux jusqu'à ce qu'il soit réduit de moitié - environ 1 heure.

Incorporez le beurre, puis retirez du feu.

Préchauffez le four à 160 °C et graissez 4 ramequins avec du beurre ou de l'huile de noix de coco.

Battez les œufs jusqu'à l'obtention d'un mélange mousseux, puis incorporez le mélange de crème, le lait de coco, la noix de coco râpée et la vanille.

Ajustez la douceur au goût, puis divisez en quatre ramequins.

Faites cuire au four pendant 50 à 60 minutes jusqu'à ce que le dessus des flans soit légèrement bruni. Couvrez-les de plastique et laissez-les refroidir jusqu'au moment de servir.

Valeurs nutritionnelles par portion

260 calories

25 g de matière grasse

6 g de protéines

4 g de glucides

1,5 g de fibres

Fudge au chocolat noir à la menthe poivrée

Temps de préparation : **15 minutes**, *rendement :* **16 portions**

Ingrédients

- 110 g de beurre de coco
- 80 ml d'huile de coco
- 120 g de pépites de chocolat noir
- 1 cuillère d'extrait de menthe poivrée

Préparation

Combinez le beurre de noix de coco, l'huile de noix de coco et le chocolat noir au bain-marie à feu doux.

Faites cuire jusqu'à ce que les ingrédients soient fondus, puis remuez jusqu'à consistance lisse.

Ajoutez l'extrait de menthe poivrée au fouet.

Étendez le mélange dans un plat allant au four tapissé de parchemin et laissez refroidir jusqu'à ce qu'il soit ferme.

Retirez le fudge du plat et coupez-le en carrés pour servir.

Valeurs nutritionnelles par portion

165 calories

15,5 g de matière grasse

1,5 g de protéines

6 g de glucides

2,5 g de fibres

Barres de choco-noix de coco

Temps de préparation : **20 minutes**, *rendement :* **6 portions**

Ingrédients

- 240 g de noix de coco râpée
- 120 ml de lait de coco
- 1 cuillère d'extrait de vanille
- 7 cuillères d'huile de noix de coco
- 20 g de poudre de cacao

Préparation

Combinez la noix de coco, le lait de coco et la vanille dans un bol.

Mélangez bien.

Tapissez une plaque à pâtisserie de papier cuisson et étendre le mélange de noix de coco dessus - formez un rectangle.

Laissez-le congeler 2 heures jusqu'à ce que le tout soit solide, puis coupez-le en six barres.

Faites fondre l'huile de noix de coco à la micro-onde, puis incorporez la poudre de cacao.

Laissez refroidir légèrement le mélange au chocolat, puis plongez les barres dedans jusqu'à ce qu'elles soient couvertes.

Placez les barres sur la plaque et laissez refroidir le chocolat.

Valeurs nutritionnelles par portion

265 calories

28 g de matière grasse

2 g de protéines

2,5 g de glucides

3,5 g de fibres

Bombe de gras à la choco-pistache

Temps de préparation : **10 minutes**, *rendement :* **16 portions**

Ingrédients

- 115 ml d'huile de noix de coco
- 110 g de beurre de coco
- 115 ml de lait de coco
- ½ cuillère d'extrait de vanille
- 1 pincée de sel
- ½ tasse de pistaches finement hachées
- 2 cuillères de poudre de cacao

Préparation

Combinez l'huile de noix de coco, le beurre de noix de coco et le lait de coco dans un grand bol.

Ajoutez la vanille et le sel, puis battre à haute vitesse jusqu'à consistance mousseuse.

Passez au réfrigérateur et laissez refroidir pendant une heure.

Répartissez le mélange en 16 petites portions puis roulez-les en boules.

Mélangez les pistaches et le cacao en poudre dans un bol et y rouler les boules.

Laissez refroidir jusqu'à consistance ferme, puis stockez-les dans un récipient hermétique.

Valeurs nutritionnelles par portion

175 calories

18 g de matière grasse

1,5 g de protéines

1,5 g de glucides

3 g de fibres

Bombe de gras aux matcha et noix de coco

Temps de préparation : **10 minutes**, *rendement :* **16 portions**

Ingrédients

- 115 ml d'huile de noix de coco
- 110 g de beurre de coco
- 115 ml de lait de coco
- ½ cuillère d'extrait de vanille
- 1 pincée de sel
- 80 g de noix de coco râpée
- 2 cuillères de poudre de matcha

Préparation

Dans un grand bol, combinez l'huile de coco, le beurre de coco, le lait de coco et 1 pincée de poudre de matcha.

Ajoutez la vanille et le sel, puis battez à haute vitesse jusqu'à consistance mousseuse.

Passez au réfrigérateur et laissez refroidir pendant une heure.

Répartissez le mélange en 16 petites portions puis roulez-les en boules.

Mélangez la noix de coco et le matcha dans un bol et roulez-y les boules. Laissez refroidir jusqu'à consistance ferme, puis stockez-les dans un récipient hermétique.

Valeurs nutritionnelles par portion

170 calories

17,5 g de matière grasse

1,5 g de protéines

1 g de glucides

3 g de fibres

Bombes de gras à la noix de pécan

Temps de préparation : **10 minutes**, *rendement :* **16 portions**

Ingrédients

- 220 g de beurre de noix de coco
- 230 ml de lait de coco
- 1 tasse de pacanes hachées finement
- 1 cuillère d'extrait de vanille
- 35 g de chocolat noir haché

Préparation

Combinez le beurre de coco et le lait de coco dans une petite casserole à feu doux.

Une fois fondu, incorporez les noix de pécan et la vanille.

Retirez du feu et laissez refroidir pendant 1 à 2 heures jusqu'à consistance ferme.

Divisez le mélange en 16 portions puis roulez-les en petites boules.

Faites fondre le chocolat noir à la micro-onde.

Trempez les boules dans le chocolat et placez-les sur une assiette. Laissez-les refroidissez jusqu'à ce que le chocolat soit durci, puis servez.

Valeurs nutritionnelles par portion

245 calories

24,5 g de matière grasse

3 g de protéines

4 g de glucides

5,5 g de fibres

Mousse à la framboise et à la noix de coco

Temps de préparation : **15 minutes**, *rendement :* **6 portions**

Ingrédients

- 1 tasse et demie de noix de cajou, crues
- 3 cuillères de jus de citron
- 3 cuillères à soupe d'eau
- 1½ cuillère d'huile de noix de coco, fondue
- 230 ml de lait de coco
- 1 cuillère d'extrait de vanille
- 130 g de framboises fraîches, légèrement écrasées

Préparation

Combinez les noix de cajou, le jus de citron, l'eau et l'huile de noix de coco dans un mélangeur et mélangez jusqu'à l'obtention d'une consistance lisse.

Battez le lait de coco avec un batteur à main jusqu'à la formation de pics fermes, puis ajoutez la vanille à votre goût.

Incorporez le lait de coco fouetté au mélange de noix de cajou, puis incorporez les baies. Versez-les dans des pots et laissez-les refroidir au moins 1 heure avant de servir.

Valeurs nutritionnelles par portion

325 calories

29 g de matière grasse

6,5 g de protéines

12,5 g de glucides

2,5 g de fibres

Truffes au chocolat et noix de coco

Temps de préparation : **15 minutes**, *rendement :* **12 portions**

Ingrédients

- 220 g de beurre de noix de coco
- 6 cuillères de cacao en poudre
- 2 cuillères de noix de coco râpée
- 2 cuillères de café instantané en poudre
- 2 cuillères d'huile de noix de coco

Préparation

Faites fondre le beurre de coco à la micro-onde et remuez jusqu'à ce que le mélange soit lisse.

Incorporez le cacao en poudre, la noix de coco et le café en poudre.

Graissez les tasses d'un bac à glaçons avec de l'huile de noix de coco fondue.

Versez le mélange de chocolat et de noix de coco dans le bac à glaçons. Laissez-les congeler pendant 4 heures ou jusqu'à consistance solide, puis décongelez-les pendant 15 minutes avant de servir.

Valeurs nutritionnelles par portion

290 calories

28 g de matière grasse

3,5 g de protéines

3 g de glucides

8 g de fibres

Pudding à l'avocat et au chocolat

Temps de préparation : **10 minutes**, *rendement :* **4 portions**

Ingrédients

- 2 avocats moyens, dénoyautés et hachés
- 120 g de crème épaisse
- 2 cuillères de poudre de cacao
- 2 cuillères à soupe d'érythritol en poudre
- 1 cuillère à soupe de farine d'amande
- 1 cuillère d'extrait de vanille

Préparation

Combinez les ingrédients dans un robot ménager.

Mélangez à haute vitesse jusqu'à consistance lisse, puis versez à la cuillère dans des tasses.

Laissez-les refroidir jusqu'à consistance épaisse et froide, puis servez.

Valeurs nutritionnelles par portion

275 calories

26,5 g de matière grasse

3 g de protéines

3 g de glucides

8 g de fibres

L'idée principale des recettes contenues dans cet ouvrage est de vous donner un coup de pouce en termes de choix d'aliments que vous pourrez apprécier au-delà du plan de repas de 28 jours fourni. Conçu pour offrir aux débutants un moment plus facile tout en commençant le régime cétogène, vous constaterez que le plan de repas introduit progressivement les recettes dans un format facile à suivre pour vous permettre de préparer des mets délicieux et doux qui vous serviront bien lors de ce voyage de perte de poids cétogène.

Une fois que vous avez terminé le plan de repas, n'hésitez pas à mélanger et faire correspondre les recettes pour créer vos propres plans de repas ! N'oubliez jamais de garder à l'esprit le nombre de macronutriments et de ne pas abuser de l'apport calorique quotidien.

Faites-le maintenant,
parfois
"PLUS TARD"
devient
JAMAIS !

Conclusion

Il est temps d'agir et de devenir cétogène !

L'une des principales clés de tout changement de régime ou de mode de vie réussi réside depuis toujours dans des recettes conformes aux principes de l'alimentation saine. Je suis persuadée qu'il existe de nombreuses façons de parvenir à la cétose et d'atteindre votre objectif de perte de poids. Cependant, vous ne voulez certainement pas y arriver en ayant simplement les mêmes vieux plats encore et encore.

La variété est le titre du jeu ici, ce qui est crucial pour assurer la durabilité du régime cétogène. Avec les recettes savoureuses et délicieuses trouvées dans ce livre de recettes keto, elles seront des additions utiles pour tous ceux qui suivent un régime céto à n'importe quelle étape de son parcours. Je n'ai encore vu personne se plaindre d'avoir trop de recettes faciles, mais délicieuses !

Pour les débutants qui ont reçu ce livre de recettes, il serait très utile que vous preniez le plan de repas de 28 jours comme guide utile, mais vous devez absolument quitter cette zone de confort tôt ou tard au fur et à mesure de votre aventure céto ! C'est à cela que servent les multiples recettes afin que vous puissiez choisir celles qui sont les plus attrayantes pour votre palais.

Le succès est la somme de petits efforts, répétés jours après jours.

- Robert Collier -

Manufactured by Amazon.ca
Bolton, ON